腾云驾物

工业互联网
解决方案落地

赵岩　主编

电子工业出版社

Publishing House of Electronics Industry

北京·BEIJING

图书在版编目（CIP）数据

腾云驾物：工业互联网解决方案落地 / 赵岩主编. —北京：电子工业出版社，2021.4

ISBN 978-7-121-39178-1

Ⅰ. ①腾…　Ⅱ. ①赵…　Ⅲ. ①互联网络－应用－制造工业－产业结构升级－研究－中国　Ⅳ. ①F426.4-39

中国版本图书馆 CIP 数据核字（2020）第 112662 号

责任编辑：刘小琳
印　　刷：北京盛通印刷股份有限公司
装　　订：北京盛通印刷股份有限公司
出版发行：电子工业出版社
　　　　　北京市海淀区万寿路 173 信箱　　邮编：100036
开　　本：720×1 000　1/16　印张：17.25　字数：166 千字　　插页：1
版　　次：2021 年 4 月第 1 版
印　　次：2021 年 4 月第 1 次印刷
定　　价：86.00 元

凡所购买电子工业出版社图书有缺损问题，请向购买书店调换。若书店售缺，请与本社发行部联系，联系及邮购电话：（010）88254888，88258888。

质量投诉请发邮件至 zlts@phei.com.cn，盗版侵权举报请发邮件至dbqq@phei.com.cn。

本书咨询联系方式：liuxl@phei.com.cn，（010）88254538。

编委会

专家委员会

王钦敏　邬贺铨　尤　政　刘韵洁
李伯虎　高金吉　房建成

主　编

赵　岩

编委会

李　颖　赵　岩　尹继辉　龚晓峰　李仲开　张显丰
陆晓春　谢志成　徐　旭　牛弩韬　杨贵平　高　方
王祺扬　曹慧泉　涂高坤　莫　桦　尹丽波　何　刚
洪正华　格　桑　张宗科　臧秋华　洪　涛　赵旭辉
胡开江　何小龙　郝志强　吕　坚　李　丽

编写组成员

陶　炜　肖琳琳　杨志锋　夏宜君　黄　洁　张梓盟
靳　可　张孟哲　乔　睿

序

　　当前世界经济正经历深刻的数字化变革，以数据生产力为代表的新生产力已渗透到经济社会的各方面，数字经济以有效运用信息技术作为提升全要素生产率和优化经济结构的核心驱动力，推动各领域向数字化转型，实现价值增值和效率提升。作为农业经济、工业经济后的一种新型经济形态，数字经济正成为引领经济社会发展和影响国际竞争格局的重要力量。数据的流通、汇聚和开发利用，已经在消费领域释放出巨大的经济收益和社会价值，随着两化融合的不断深入，工业互联网正成为推动工业领域数字化转型的重要载体。

　　工业互联网推动全面连接、融合发展、开放协同与创新价值，是推动企业数字化转型、制造业高质量发展的关键支撑。一是通过人机物全面互联，实现全要速、全产业链、全价值链的互联互通，扩大数据采集与应用范围，推动形成数据驱动的制造模式，提升产业数字化水平。二是工业互联网是支撑新一代信息技术与实体经济融合发展的关键载体，正在推动技术融合、消费与生产融合、虚拟与实体融合发展。三是促进开放协同，不断沉淀知识经验，推动制造能力平台化，优化要素资源配置，实现产业协同发展。四是催生新技术、新模式、新业态，帮助企业快速研发新产品、拓展新市场、创造新价值，培育壮大经济发展新动能。

新基建以新一轮科技革命和产业变革为导向，立足于新一代信息技术，为数字经济的发展提供了基础条件。在传统基建对于经济增长的边际效应有所减弱、供给侧结构性改革加速推进的背景下，新基建将在稳投资中发挥越来越大的作用，也将产生长期性、大规模的资金需求。工业互联网作为新基建的重要组成，是新基建中连接数字经济和实体经济两个领域的重要桥梁，承载着改造升级传统产业、培育壮大新兴产业的重任，必将成为构筑数字经济时代的新结构性力量。

当前，工业互联网虽然仍处于发展初期，但发展速度快、应用范围广，显示出了强大的生命力。在新冠肺炎疫情期间，工业互联网的价值进一步凸显。工业互联网在应急物资转移、应急物资产能扩大和产线增设、疫情数据分析等方面发挥了重要作用。经过战"疫"的洗礼，我们发现，在日常状态下，短周期、灵活部署的解决方案成为赋能制造业数字化转型的重要途径；在应急状态下，工业互联网分担了工业企业平战调整的转化成本，帮助制造业提升供应链弹性、增加生产制造柔性、提高快速响应速度的作用明显。

3 年来，我们一直在迭代推进工业互联网工作。一面大力发展，不断采取各类措施手段，汇聚各方力量、补足技术短板、培育市场生态、鼓励市场发展；一面回顾总结，对我们已有的工作进行及时梳理，总结经验，反馈政策落地效果，查找工作中存在的疏漏。

根据 2017—2019 年的调研，我们欣喜地看到，变化正在一点一点发生，工业互联网从最初的理论先行变为市场主导，产业界不再是供给侧一头热。在应用侧，解决方案已经渗透到工业全行业范围，并且在分散的各行业、领域中孕育复制推广的力量，市场的力量从弱小到逐渐生根发芽。

工业互联网尚未绽放它全部的魅力，便已经吸引了研究者和产业界巨大的热情。作为前线观察者和工作推动者，我们的工作重点也从 2017 年描绘未来愿景，到 2020 年推动跨行业、多主体、大范围的合作生态构建，始终围绕产业发展前沿不断突破。本书是产业发展足迹的一个记录，也希望能为后来者推动更大范围、更强力度、更深入的变革提供一些有益的参考和借鉴。

是为序。

李颖

前言

当前，全球制造业发展动能不足，传统生产模式难以为继，国际竞争格局进入调整期。与此同时，以互联网为代表的新一代信息技术正在由消费领域、虚拟经济向生产领域、实体经济深度拓展，带动几乎所有领域发生了以数字化、网络化、智能化为特征的群体性技术革命，互联网创新发展与新工业革命形成历史性交汇。主要工业发达国家都在寻找突破口，抢占第四次工业革命发展先机。在此背景下，作为新一轮科技革命和产业变革的重要驱动力量，工业互联网应运而生，并日益成为全球竞争的焦点。

目前，我国工业互联网发展与发达国家基本同步启动，发展成就来之不易，既得益于我国信息技术的高速发展和雄厚的工业根基，也得益于政府的大力倡导、企业持续深入的产业布局。工业互联网在我国工业领域的落地实践已取得一定进展，经济效益、社会效益逐步显现，工业互联网解决方案成为助力工业企业转型升级的重要途径。

2019 年，我们收集整理了 3 类工业互联网优秀解决方案。一是关注应用侧，收集工业互联网平台创新应用案例，面向全国征集了 501 个应用案例，从问题导向、技术创新、价值成效和复制推广 4 个方面进行筛选评审，遴选出 35 个工业互联网典型应用案例。二是关注先试先行，开展工业互联网平台集成创新解决方案试点示范，各地推荐了 249 个工业互联网解决方案，按照新技术融合、数据集成应用、模式创新 3 个类别，从问题聚焦、成效价值、市场空间等维度进行审核，推选出 35 个工业互联网优秀解决方案。三是关注创新，组织首届中国工业互联网大赛，面向开发团队征集 1000 多个参赛作品，组织多轮淘汰赛制，按照技术方案创新、通用、开放，商业模式清晰，具有竞争力和市场潜力，应用价值显著、部署快、易推广等要求，评出 20 个工业互联网优秀参赛作品。我们成立编写组对上述 82 个解决方案（共 90 个，去除重复的 8 个）进行汇总、编纂和归纳，研究解决方案的分类体系，并梳理 2019 年典型解决方案的特征和变化，形成此书，为进一步研究做参考。

目录

第二部分 | 找准方法：什么技术起关键作用

第三部分　对准靶心：解决什么问题

第四部分 | 因势利导：不同的落地应用路径

1

第一部分

迎战痛点：为什么是解决方案

　　得益于我国各级政府和产业界各企业的积极推动，工业互联网落地实践已取得一定进展，经济效益、社会效益逐步显现，成为助力工业企业转型升级的重要途径。当前，我国工业互联网建设与应用的步伐不齐，以问题为导向的解决方案是工业互联网落地实施的重要途径。

　　从近两年的调研数据来看，目前工业互联网解决方案落地应用整体呈现出 3 个特点：一是解决方案基本实现全国范围内的落地应用，2019 年解决方案已经覆盖全国 32 个省市；二是中小企业已经成为工业互联网解决方案供应和需求双方的生力军，中小服务商和应用企业占比均超过半数；三是解决方案覆盖行业范围逐步扩大，应用企业覆盖制造业 31 个门类中的 29 个。

第一章

解决方案成为工业互联网落地应用的重要手段

一、新融合：工业互联网顺势兴起

（一）工业互联网顺势兴起，成为第四次工业革命的关键支撑

当前，以信息网络技术加速创新与渗透融合为突出特征的新一轮科技革命和产业变革深入发展，以数字化、网络化、智能化为核心特征的第四次工业革命方兴未艾。作为第四次工业革命的关键支撑，工业互联网顺势兴起，与制造业转型升级形成历史性交汇，成为工业格局变革的聚焦点。作为新一代信息技术与制造业深度融合的产物，工业互联网正在推动工业基础设施、生产方式、创新模式持续变革，并推动制造体系由封闭走向开放，加速工业经济向数据驱动型发展模式转变。工业互联网具有广阔的前景和无限的潜力，这将对未来工业发展产生全方位、深层次、革命性影响。

（二）平台经济在工业领域蓬勃发展，成为价值共创的关键载体

当前，平台经济正由消费领域向生产领域快速延伸，不断开拓新的价值空间，深刻改变制造业产业组织形态，带动产业向平

台化方向转型。平台经济在一定程度上改变了企业内部的组织结构和企业之间的分工合作关系，基于平台经济的异地协同制造、网络协同研发、柔性按需生产等新模式不断涌现，对促进产业融通发展、资源优化配置和产业转型升级都有重要作用。在此背景下，一批国内外互联网科技企业，如谷歌、脸谱、阿里巴巴、百度、腾讯、京东等，已快速成长为平台型企业；制造企业，如ABB、通用电气、西门子、海尔、徐工集团、三一重工等，已通过整合搭建制造与服务生态系统，演变成平台型服务商，不断延伸和提升价值链。

（三）工业互联网应用价值不断显现，成为数字化转型的重要途径

随着工业互联网融合应用走向纵深，一批基于平台的创新解决方案和应用案例不断涌现，有效推动了企业生产管理变革和产业数字化进程。面向特定工业场景和业务痛点的解决方案应用不断深入，如基于远程运维的设备健康管理、基于机器视觉的质量管控、基于AI调参的工艺优化、基于数字孪生的生产线智能管控等解决方案已经实现复用推广，有效助力工业企业实现对生产制造全过程和全要素的统一调度、科学决策和动态优化，推进企业生产运营能力持续跃升，实现降本提质增效。同时，工业互联

网加速向传统行业渗透，在钢铁、石化、机械、电子、纺织服装等行业催生出一批新模式、新业态，让社会化资源能够更大范围、更高效率、更加精准地优化配置，有力带动了产业的整体转型升级。

二、新变化：工业互联网解决方案应用逐渐落实

（一）从大建设、大投入的项目模式到低成本、轻运作的解决方案

当前，已有不少大企业在生产运营的各环节建立了多套信息系统，并进一步开展了跨环节、跨部门的系统集成应用，项目建设多采取单体架构，以整体化开发模式为主，呈现规模大、投入大的特点。近年来，在工业互联网解耦架构下，传统的复杂项目模式正在向以微服务、松耦合为核心特征的"积木式"开发模式转变，工业互联网解决方案的技术门槛、建设成本和部署周期显著降低。同时，随着工业技术、工业知识和制造方法的模块化、软件化和平台化，基于工业互联网平台的云化应用不断涌现，如智能云科、蒲惠、盘古信息等平台企业分别面向中小型机械加工企业、电子制造企业提供了智能 App、云 MES 等轻量级解决方案。

（二）从一对一服务模式到多主体合作推进模式

在工业互联网发展初期，平台建设、产品开发和应用推广往往由平台企业自行完成。随着融合应用走向纵深，仅靠一家之力难以提供面向各类细分领域和多样化应用场景的解决方案。此外，平台经济的兴起打破了原有的利益格局，其强时效性、共享性倒逼技术和产品在短期内快速更新迭代，低成本快速交付能力成为衡量解决方案竞争力的重要指标。在此背景下，多主体合作模式成为企业构筑竞争新优势的共同选择，主要体现为产业链上下游合作、平台与解决方案服务商合作、平台与制造企业合作等。在此过程中，部分平台企业逐步演变为解决方案的赋能者，如阿里巴巴、华为等双跨平台逐步成为隐藏在解决方案服务商身后的关键基础支撑；用友、金蝶等 ERP 软件商成为用户实现产业链协同的重要合作伙伴；联通、移动、电信等通信企业成为推动 5G 在工业领域商业化推广应用的重要力量。

（三）从行业内部创新探索到跨行业复制推广

当前，部分解决方案不仅在企业内部成功实施，还在龙头制造企业的带动下向产业链全局优化演进，推动了产业链各环节、各要素的互联互通与动态协作。同时，部分企业将解决方案落地实施过程中积累的行业机理模型、数字化管理方法等沉淀到平台，形成易部署的模块化、平台化产品，实现了跨行业、跨领域的快速复制推广。例如，海尔的 COSMOPlat 平台将大规模定制解决方案成功复制到电子、装备、汽车、服装等 15 个行业，为 4.2 万家企业提供了数据和增值服务；树根互联的根云平台推出 3.0 版本，基于平台与行业巨头联合打造了机床云、纺织云、3D 打印共享云、空压机云、电机云、注塑云、筑工云等数十个垂直行业云平台，实现行业赋能；航天云网的 INDICS 平台建成了 10 个行业云、19 个区域云、16 个行业大企业服务专区。

三、新成效：解决方案成为当前落地应用的重要手段

（一）解决方案应用区域不断扩展

2019 年数据显示，应用工业互联网解决方案的企业已经覆盖全国 32 个省市，形成全国应用推广的良好局面。

此外，解决方案服务突破了地域限制，有 36% 的解决方案应用由异地服务商实施，解决方案服务跨区情况如图 1-1 所示。

（二）中小企业成为生力军

数据显示，与 2018 年相比，中小企业在 2019 年已经迅速成为工业互联网的重要主体，它不仅在提供解决方案服务方面表现优良，更在应用实施方面成为生力军。

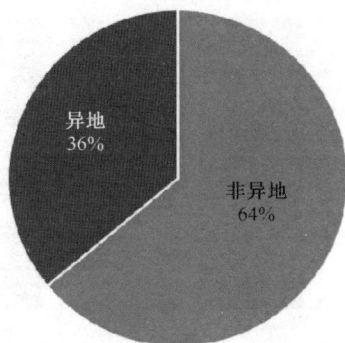

图 1-1　解决方案服务跨区域情况

数据来源：国家工业信息安全发展研究中心。

在服务商方面，79%的解决方案由中小企业服务商实施，约为大企业服务商的 4 倍，如图 1-2 所示。

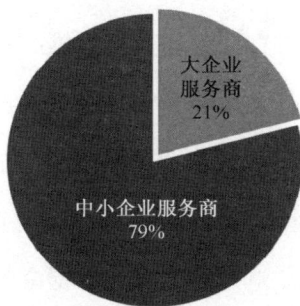

图 1-2　解决方案服务商规模分布

数据来源：国家工业信息安全发展研究中心。

在应用企业方面，与 2018 年大企业主导应用市场相比，2019年越来越多的中小企业开始实施解决方案，其应用占比显著提升，如图 1-3 所示。

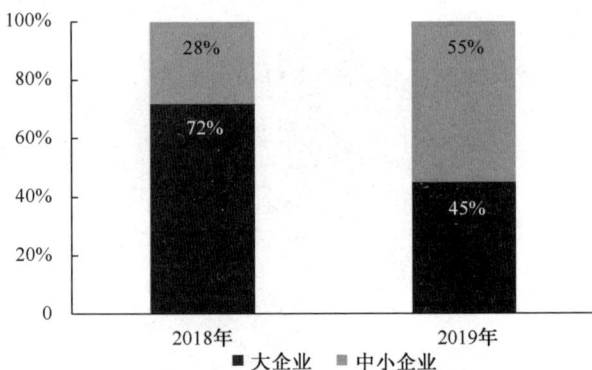

图 1-3　解决方案应用企业规模分布及对比

数据来源：国家工业信息安全发展研究中心。

（三）行业覆盖面不断拓宽

工业互联网解决方案在各行业得到推广和应用，与 2018 年相比有两点变化：一是行业门类覆盖更全面，应用企业覆盖制造业31 个门类中的 29 个；二是行业应用差距逐渐缩小，应用行业从机械、电力两个行业遥遥领先，转变为各行业百花齐放。2018 年，机械、电子、交通设备、电力四大行业占据全部应用案例的 74%；2019 年，随着工业互联网解决方案的逐步成熟，化肥、造纸、照明电器等行业细分领域均开始探索应用工业互联网解决方案，并取得显著成效，如图 1-4 所示。

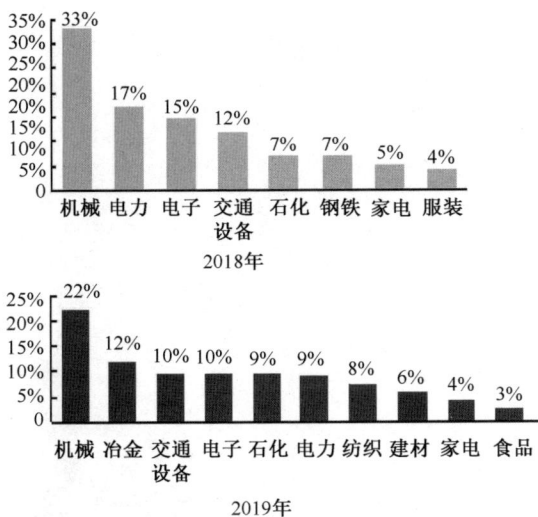

图 1-4 解决方案应用行业分布情况

数据来源：国家工业信息安全发展研究中心。

第二章
工业互联网解决方案的分类和特点

一、工业互联网解决方案是供需双向迭代的连接点

我国工业互联网的高速发展推动工业互联网平台汇聚、整合、协调全要素、全产业链、全价值链资源，实现社会化资源优化配置。而从工业企业实践来看，当前还存在技术能力与企业数字化水平不匹配、商业模式与工业管理不匹配、应用供给与实际需求不匹配等问题，工业互联网解决方案成为当前落地应用中更务实有效的途径。

解决方案以提升制造能力为目标，面向制造业数字化转型需求，落地应用工业企业现场，通过制造技术与 IT 技术的融合应用，实现数据双向流动、价值挖掘和闭环反馈，帮助企业解决问题，拉动企业进入工业互联网生态。

（一）工业互联网解决方案是"比特"和"原子"的基因重组

解决方案帮助制造企业应用信息技术，经过信息技术与工业技术的融合创新，以信息技术赋能制造技术，以制造技术扩展信息技术应用领域，通过对解决方案的消化、吸收和转化形成新型制造能力，解决传统模式难以解决的痛点问题，实现工业企业数字化转型。

（二）工业互联网解决方案是"虚拟"与"实体"的互相映射

解决方案深入工业现场，聚焦工业企业人、机、料、法、环，构建物理实体的虚拟数字映射，以虚拟数据描绘设备、现场、园区等物理实体，将物理世界的实际数据反馈至虚拟世界，将原始简单模糊的数据向更深耕、更务实推进，深度把握制造规律，构造数字世界的工业图景。

（三）工业互联网解决方案是"数据"与"价值"的双向流通

解决方案以数据为驱动力，将分散在各处的数据汇聚在一起，通过分析挖掘帮助原本无用的冗余数据释放出新的价值，再基于价值实效进一步促进市场发展，激励产业各方转变观念，不断推进构建数据共建、共创、共享的价值生态。

二、工业互联网解决方案分类方式

工业互联网解决方案是以解决工业企业痛点问题为核心的一整套软硬件结合的方案体系（见图 2-1），从"采用什么方法""解决什么问题""选择什么路径"3 个问题出发，从技术融合应用、应用场景、应用主体 3 个维度对解决方案进行分类，如图 2-2 所示。

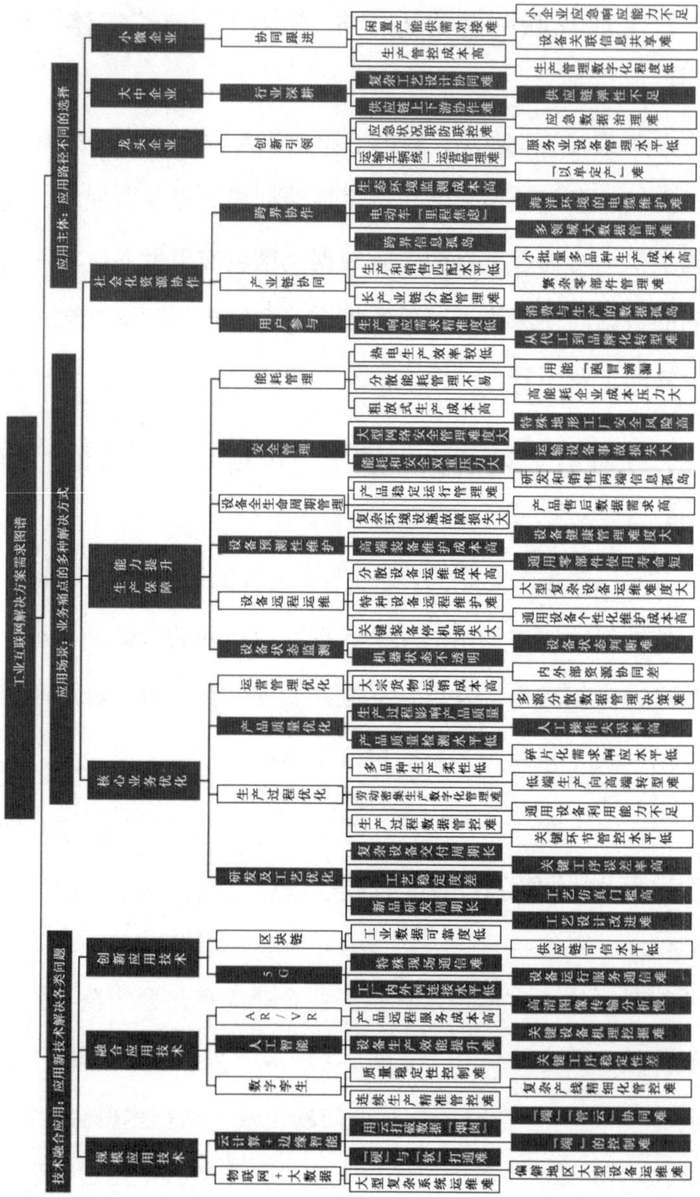

图 2-1 现阶段工业互联网解决的痛点问题（大图见文末插页）

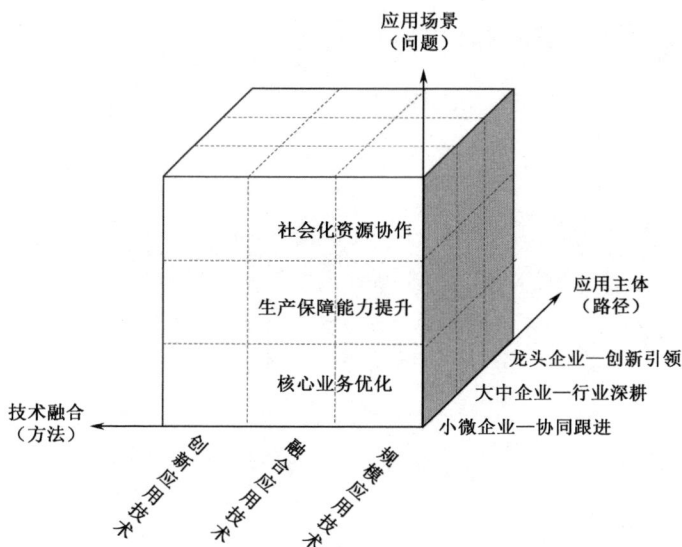

图 2-2　工业互联网解决方案分类体系

（一）技术融合应用维度解决方案

技术融合应用维度解决方案以新一代信息技术为核心，聚焦解决方案采用什么方法，如图 2-3 所示。该类解决方案通过融合人工智能、5G 等新技术改变传统解决方案的服务模式，以新技术、新思维、新理念解决旧问题。按照技术融合应用的成熟度，可以将技术分为以下 3 类。

1. 规模应用技术

规模应用技术是指经过多年沉淀，应用方式、应用场景均较成熟，且已形成规模化应用的技术。

作用：互联互通、云端协同。

技术：物联网、云计算等。

技术融合应用：采用什么方法		
规模应用技术	融合应用技术	创新应用技术
物联网 云计算 ……	人工智能 数字孪生 VR/AR ……	5G 区块链 ……

图 2-3　工业互联网解决方案技术融合应用

2. 融合应用技术

融合应用技术是指价值潜力巨大、融合应用不断发展的技术。

作用：以新手段、新途径、新方法深耕行业机理。

技术：人工智能、数字孪生、AR/VR 等。

3. 创新应用技术

创新应用技术的应用势头发展迅猛，是近几年出现的新兴技术。

作用：创新尝试，发现新应用、新方法、新规律。

技术：5G、区块链等。

（二）应用场景维度解决方案

应用场景维度解决方案以工业企业应用场景为维度，聚焦解决方案解决什么问题，如图 2-4 所示。该类解决方案的主要特点是多方合作、联合攻关、优势互补，共同解决工业企业遇到的实际问题。按照工业企业与解决方案服务商的合作紧密度，可以将应用场景分为以下 3 类。

应用场景：解决什么问题		
核心业务优化	生产保障能力提升	社会化资源协作
研发及工艺优化 生产过程优化 产品质量优化 运营管理优化 ……	设备资产管理 安全管理 能耗管理 ……	产业链协同 跨界协作 与消费者协同 ……

图 2-4　工业互联网解决方案应用场景

1. 核心业务优化

目的：推动企业生产、管理、运营等优化协同，实现效率提升和质量改善。

主体：通常由工业企业和解决方案服务商合作完成。技术实施贴近生产制造过程，通常在企业或集团内部署私有云解决方案。

场景：研发设计优化、生产过程优化、产品质量优化、运营管理优化等。

2. 生产保障能力提升

目的：在企业有意愿共享工业 Know-How 和外包业务的领域，发展工业互联网专业化服务。在设备运营和维护方面，减少损失、降低成本；在高能耗行业方面，节约能源；在全产业方面，提供安全管理服务。

主体：通常由设备制造商、设备使用企业、解决方案服务商等多主体合作完成。

场景：设备资产管理、安全管理、能耗管理等。

3. 社会化资源协作

目的：主要通过创新模式扩大市场、增加收入。

主体：合作是新模式的前提，通常由跨界合作的多主体协同完成。

场景：产业链协同、跨界协作、与消费者协同等。

（三）应用主体维度解决方案

应用主体维度解决方案以应用主体为维度，聚焦解决方案选择什么路径，如图 2-5 所示。各企业由于数字化转型迫切度、竞争程度、市场集中度、市场份额不同，应用工业互联网解决方案的方式和路径也呈现出不一致。应用主体分为以下 3 类。

应用主体：选择什么路径		
龙头企业	大中企业	小微企业
创新引领 经验推广 ……	行业深耕 Know-How积累 ……	协同跟进 复用经验 ……

图 2-5　工业互联网解决方案应用主体

1. 龙头企业

关注点：专注产业经济发展、聚焦全球发展趋势。通常，龙头企业的创新意识较强，勇于冒险试错，探索新领域、新市场的意愿强烈。

做法：创新引领，推动跨行业模式复制、跨界服务、多方合作等。

2. 大中企业

关注点：专注行业深耕、品牌化发展。

做法：行业深耕、Know-How 积累、统筹管理、品牌打造等。

3. 小微企业

关注：扩大生产、缩减成本、增加订单。

做法：协同跟进，通过聚集应用、云化应用等紧跟行业发展。

第二部分

找准方法：什么技术起关键作用

工业互联网的发展离不开技术的支撑，近年来，我国工业互联网技术不断取得突破，前沿性、融合性技术的安全可靠能力不断增强。新技术的出现使我们解决问题的能力得到了前所未有的提升，也让工作变得更加智能、高效和简单。物联网和云计算经过多年发展，技术相对成熟，已成为支撑工业互联网的关键基石，我们在大量解决方案中已看到其规模化应用取得的实际成效；数字孪生、人工智能和 AR/VR 技术在工业领域具有丰富的应用场景，能够为设计研发、生产制造、运维管理等各环节创造重要价值，虽然这些技术仍处于发展初期，但我们能够预见其逐步成熟和创造性应用将带来的颠覆性变化；如今 5G 和区块链凭借自身鲜明的技术特点和优势吸引了极大的关注，部分领先企业已经开始探索相关的应用场景，致力于构建高效连接、可信安全的产业链生态，为未来相关技术的创新发展和应用提供了启发和参考。

第三章
规模应用：物联网和云计算

一、概述

在新一代信息技术与实体经济深度融合的过程中,物联网、云计算经过多年沉淀，技术较为成熟并已实现了规模化应用，成为支撑工业互联网的关键技术,可以说没有物联网和云计算,就没有如今蓬勃发展的工业互联网。在工业互联网解决方案落地应用的过程中，物联网、云计算通常会与其他技术结合，推动工业领域的技术融合与应用落地。

二、物联网+大数据解决方案

物联网（The Internet of Things，IoT）是指通过信息传感器、射频识别技术、全球定位系统、红外感应器、激光扫描器等各种装置和技术，实时采集任何需要监控、连接、互动的物体或过程，采集其声、光、热、电、力学、化学、生物、位置等各种需要的信息，通过各类可能的网络接入，实现物与物、物与人的泛在连接，实现对物品和过程的智能化感知、识别和管理。

工业互联网是物联网在工业领域的应用,作为工业互联网的底层基础，物联网为工业互联网提供了数据来源，成为开展工业互联网应用必不可少的一环。设备通过物联网实现互联，并将产生的数据汇聚到平台，通过云计算、大数据等新技术实现数据赋能，以数据驱动制造业向智能化发展，实现转型升级。

部分解决方案服务商将物联网和大数据相结合，将原本无法获取的数据纳入数据采集范围，并基于大数据建模分析，解决传统模式难以解决的复杂问题。

解决痛点一：大型复杂系统运维难

近年来，大数据技术常常被谈起，人们经常在各行各业看到大数据的应用，但事实上，真正在规模量级上能称得上是"大数据"的案例并不多见，城市轨道交通就是其中一例。

近年来，城市轨道建设快速发展，以上海为例，2020年地铁运营总里程将达814千米，工作日客流预计达到1400万人次，超大规模网络化运营特征更加突出，这对线网大脑——列控系统的运行维护（简称"运维"）提出了更高要求。系统设备数量急剧增长、接口繁多，检修窗口时间日益缩短，维修效率要求日益提高，传统"故障修"的运维模式难以持续。如何在超大规模线网环境下，通过实时、准确、高效的智能化维护手段来确保列控系统安全运行、可靠工作、快速维护，是当前需要解决的重大问题。

上海申通地铁集团有限公司面临超大规模网络化运营的难题：

如何应对行业快速发展带来的复杂性问题，如何拆解列车、轨道、站台、人员等一系列复杂数据背后的逻辑，让轨道交通平安、准确地将乘客送达目的地。

案例 3-1　超大城市轨道交通线网列控系统全生命周期健康管理解决方案

📖 **解决方案做法**

解决方案从保障列控系统在全生命周期内维持高安全性、高可靠性和高可用度出发，以系统当前状态为起点，以系统历史运行状态为依据，根据已知的功能结构、系统参数、工作条件等对系统健康状态进行判断预测，从而合理地制订维修计划与管理策略。通过建立健全维护过程的闭环跟踪，为设备运维提供一个完整的发现问题、处理问题、解决问题、反馈问题的维护作业处理机制，针对不同的故障维修、计划维护、问题跟踪作业分别进行工作流程追踪，将维护任务的执行人、维护部门、备品备件库、供货商、负责人等纳入维护过程，覆盖设备维护全过程。

📖 **取得成效**

（1）运营质量显著提升。列控系统关键设备感知覆盖率达到100%，实现7×24小时不间断检测，系统诊断和预警准确性超过95%，运营可靠性超过1130万车千米/次，部分设备平均无故障时长提升3倍，有效降低了5分钟晚点率。

（2）维修效率显著提升。突破了传统靠人发现、靠人分析的"计划维修"模式；缩短了故障处理时间，故障平均修复时间从 30 分钟缩至 10 分钟。

（3）运维成本显著下降。应用"状态维修"模式，列控设备平均维护周期从 5 天延长至 15 天，节省了维护工时及人工成本。

📖 **商业推广模式**

面向国内外轨道交通行业的普遍痛点，帮助轨道交通列控系统在全生命周期内保持高可用度，支撑超大规模轨道交通网络的健康有序发展。远期可推动构建基于长三角地区"地铁＋有轨电车＋市域铁路＋高铁"的轨道交通关键设施设备健康管理平台，实现设备远程运维互联、协同管理。

📖 **落地应用情况**

解决方案已在上海地铁落地应用。

💡 **解决痛点二：偏僻地区大型设备运维难**

新能源浪潮袭来，带动能源变革，电力行业也积极拓展新能源，虽然仍存在并网率低、弃风弃光现象，但清洁能源因其绿色环保的特点已然成为电力行业的发展趋势。风电、光电设备大、地处偏僻、间隔距离远，远程运维需求强烈。

目前，光伏电站的装机容量逐年增加，电站规模大、分布广，大型电站运营商无法对其管辖的各光伏电站进行实时监控和效益评估。光伏方阵是光伏电站中非常重要的设备，但目前电站运营商对电站设备运行状态的监控程度普遍偏低；同时，对于光伏板该不该清洗、什么时候清洗等问题，全靠人工经验判断，可靠性差、稳定性低，极大地影响了光伏电站的经济效益。同时，设备故障需要人工上站排查故障点，效率低且易出错，无法有效跟踪故障处理闭环。

北京东方国信科技股份有限公司（简称"东方国信"）基于大数据技术优势，分析光伏行业痛点，通过软硬件结合的方法改善数据采集精度，利用数据技术优势挖掘光伏设备机理。

案例 3-2　三维一体化光伏大数据应用案例解决方案

📖 **解决方案做法**

对逆变器监测数据、组串监测数据等海量数据进行分类、实时采集、实时监控；同时监测各电站系统的详细运行情况，实现对分公司下属光伏电站运行的统一监测管理。对光伏电站做异常工况多维变量异常侦测，提前识别异常工况，并提醒操作人员提前采取措施，避免事故的发生。通过设备维修闭环管理，可以实现故障发现、故障提交、故障处理和处理结果反馈的闭环管理。

针对电站设备维护，实时采集光伏组件、汇流箱等关键设备的电流、功率、发电量等数据，通过故障预测分析，准确判定设备的故障原因，并快速准确地对故障进行处理。基于对光伏设备发电效率的跟踪，以时序模型和气象模型为基础，应用大数据分析技术，对电站或具体的光伏方阵何时需要清洗及清洗所获取的发电收益等情况进行及时的预警提示，同时可以根据历史清洗时间自动调整进行下次清洗的最佳时间，为用户安排清洗工作提供科学依据；通过组串电流或输出功率的离散率衡量逆变器所有支路的整体运行情况，可快速定位电池组串支路，查找电流为 0 或偏低的支路，进而及时处理异常情况，提高发电量；根据光伏发电功率和辐射强度的关联分析结果，建立光伏板的最佳倾角计算模型，并能够实时进行最佳倾角、安装倾角与实际效率倾角的对比分析，当倾角偏差大于 10°时触发报警。

📖 **取得成效**

电站各并网点发电效率提高 5%，设备故障率降低 10%，单个电站运维人员可减少 10%，电站总体运维成本降低 8%～15%，一年内可为用户企业带来近 2000 万元的降本增效收益。

📖 **商业推广模式**

光伏云解决方案已服务 6 家企业、36 个光伏电站，服务光伏电站总装机容量达 30 万千瓦。通过平台推广，未来 3 年预期至少可应用于 120 个光伏电站，服务的光伏电站总装机容量可达 800 万千瓦，预计为用户企业带来近 4.5 亿元的降本增效收益。

📖 **落地应用情况**

解决方案已经在国电投天津分公司上线运行，覆盖赛瑞、天津西站、佰达货运、宝仓钢管、天丰钢铁、宏棉等多个光伏电站。

三、云计算+边缘智能解决方案

云计算是一种分布式计算，它通过网络"云"将巨大的数据计算处理程序分解成无数个小程序，然后，通过由多台服务器组成的系统处理和分析这些小程序，得出结果并返回给用户。这项技术可以在很短的时间内（几秒）完成对数以万计数据的处理，它拥有强大的网络服务能力。

面对工业互联网庞大的数据量级，云计算的价值更加凸显，它能广泛应用于工业互联网各场景，借助于物联网、大数据和边缘计算等技术，在很大程度上为企业的智能化发展赋能。

解决痛点一："硬"与"软"打通难

传统工业控制系统大多以专有硬件为基础，这些专有硬件限制了系统的灵活性，无法适应智能制造对个性化快速定制的要求。传统自动化金字塔模型 IT 与 OT 分离的结构造成信息集成和互操作困难、IT 和 OT 难以纵向打通、IT 系统之间无法实时协同、现场数据无法获取、缺乏统一标准平台承载工业应用等问题。

北京东土科技股份有限公司（简称"东土科技"）聚焦自主可控操作系统、工业控制器设备、云边协同设备，并基于硬件能力拓展软件和解决方案业务，通过软件定义工业控制，灵活定义符合企业需求的工业流程，实现生产全要素互联、生产协同、过程优化的全流程打通。

案例 3-3　基于软件定义控制与流程的工业互联网解决方案

📖 **解决方案做法**

解决方案以软件定义为核心理念，基于统一、开放、灵活的平台架构，面向多种工业应用场景，实现从 IT 到 OT 的纵向打通、IT 系统之间的横向协同、从 OT 到 IT 的数据驱动、扁平化传统金字塔结构。

（1）在现场层，通过基于 IPv6/TSN 的宽带实时总线 AUTBUS 实现了工业控制现场通信协议的统一，具有高带宽、长距离、时间敏感等特性。

（2）在边缘计算层，通过软件定义控制的工业服务器实现一台设备代替多个 PLC/DCS，同时兼具协议网关能力，直接数据到云。

（3）在云端，进行数据分析与处理，在保障信息安全的前提下，基于工业大数据平台，实现信息协同共享和智能制造产业升级。

📖 **取得成效**

在应用案例中，已帮助企业降低 50% 的物理设备成本、80% 的空间成本、50% 的运维成本。

📖 **商业推广模式**

解决方案采用"硬件+操作系统+工业应用软件+服务"的生态销售模式，具有从芯片、操作系统、总线、控制逻辑到工业应用全部自主可控，具有稳定可靠、实时、灵活、易用、开放等特点，可广泛应用于工厂自动化、离散行业、流程行业、机器人、汽车、城市、电力等领域。

📖 落地应用情况

目前，解决方案已在多个行业重点企业中应用，如东土科技宜昌工厂、新奥能源、时代集团、徐工集团等。

💡 解决痛点二："端"的控制难

工业互联网将制造资源汇聚在云端，而对于大部分制造企业来说，无论是从数据安全的角度还是从快速决策的角度，大多数生产数据都需要首先在工业现场进行采集和处理，再将有需求的数据向上传递。

从大环境来看，产业升级、民生诉求和节能环保三大因素，将给未来工业自动控制系统在新兴领域市场发展，创造更多的发展机会。先进过程控制技术（APC）在流程工业智能化建设过程中起着举足轻重的作用，已在国外诸多大型石油、化工、电力、造纸、冶金等企业中得到广泛应用。

厦门奥普拓自控科技有限公司（简称"奥普拓"）是一家具备先进过程控制技术自主研发能力的企业，他们如何将自身技术优势转换成市场价值呢？

案例 3-4　基于 APC 的"云+端"工业智控解决方案

📖 **解决方案做法**

基于 APC 的"云+端"解决方案主要有 3 个部分：①基于"云"的扁平式工业控制系统构架，该技术实现 APC 云端服务；②基于嵌入式系统的"端"控制器研发，该技术实现低成本 APC 应用推广；③基于 5G 通信切片理论的数据双向通信技术，该技术彻底解决了"移动中控"数据回写核心难题。

该技术通过数据深度挖掘、数值建模、多变量控制、实时优化等技术，在提高产品质量品质的同时，降低生产能耗、减小环境污染、减少人为干预，最终实现生产流程的无人值守、智能操控。

平台采用扁平式工业控制系统构架，通过碳排放/能耗/环保智能管理、动力系统监控、工业流程优化控制等推进工业企业上云，注重多维度数据交叉、深度挖掘，通过流程数据、碳排放/能耗数据、环境数据之间的耦合关系，分析企业存在的减碳空间和可行性。

📖 **取得成效**

通过对德彦（厦门）纸业有限公司的纸机 DCS 改造，实现了多台纸机的集中控制、故障精准定位。通过实时在线优化调节生产过程中的浆液浓度和蒸汽压，将纸张基重从±2g 降低到±1g、含水量从±0.2%降低到±0.1%，提升了纸张品质，年节约蒸汽支出约 300 万元。

📖 **商业推广模式**

平台采用扁平式工业控制系统构架，企业现场只进行数据采集，其余数据处理都置于云端。解决方案基于多输入/多输出的数值模型完成控制，无须考虑系统运行机制，整套平台无须拘泥于某个行业，能够实现跨行业、跨平台适用。

📖 **落地应用情况**

解决方案完成了德彦（厦门）纸业有限公司的纸机 DCS 改造，在厦门市 68 家能耗为 5000 吨标准煤以上的工业企业中实施碳排放智能管理服务。

🔆 解决痛点三：用云打破数据"烟囱"

电子行业在品牌与代工方面，出现更加明确的分工趋势，品牌方更关注产业发展核心技术和标准，侧重关键技术研发、品牌推广及渠道链条的打通；代工方注重生产制造经验，规模化制造，创造良好的质量和价格优势。双方互相协同，需求差异明显。

电子行业数字化工厂存在信息化规划方法论不统一、信息化"烟囱式"建设、盲目式建设等问题。

紫光云引擎科技（苏州）有限公司是紫光集团旗下专业从事工业互联网平台建设运营的高科技企业，它打造的紫光 UNIPower 工业互联网平台，为电子信息制造行业提供智能工厂解决方案。

案例 3-5 电子信息行业数字化工厂解决方案

📖 **解决方案做法**

解决方案提供包括供应商、采购协同、计划协同、SMT 管理、设备连线及管理、全面质量管理、产品追溯、仓储物流等应用服务，通过信息化的建设规划服务保障企业的投资回报，提升质量、提高效率，进而降低成本，同时提升企业的品牌效应。解决方案主要涉及以下四大技术模块。

(1) 用于资产统一纳管的工业物联网平台。平台建设了边缘计算"云点架构"，支持传统复杂现场总线协议转换接入，兼容现有设备、环境，实现终端能够上联云端。

(2) 制造过程/业务管理模块。该模块能将企业生产所需的核心业务（如订单、供应商、物料管理、生产、设备保养、品质管理等流程）整合在一起，将工厂生产线上实时的生产信息，以 Web 或其他通知方式准确地传送给使用者，当生产活动过程发生紧急事件时，可以用最快的速度通知使用者。

(3) 企业云图。企业云图总体技术架构分为应用模型和使能模型，应用模型从业务应用场景出发实现企业画像，使用模型解决数据接入和处理问题。

(4) 数字孪生。数字孪生利用仿真系统，以数字化方式创建物理实体的虚拟模型，通过虚实交互反馈、数据融合分析、决策迭代优化等手段，为物理实体增加或扩展新的能力。

📖 **取得成效**

生产库存周转率明显提升（提升 50% 以上），公司货物周转速度加快，资金利用率提高，运营效率明显提升。开局坏件率同比有明显下降（开局坏件率是指产品在开局过程中出现的故障率）。

📖 **商业推广模式**

基于云计算、大数据和物联网平台能力，形成典型场景化的电子信息数字化工厂解决方案，以服务化方式为工业企业转型升级赋能。目前，紫光集团已经陆续与十几个工业大市达成战略合作，围绕紫光工业互联网平台能力全面建设当地工业云中心。

📖 **落地应用情况**

解决方案在新华三集团落地，实现价值。

💡 解决痛点四："端""管""云"协同难

工业企业的痛点问题并不都具备行业特点，也存在一些企业共同面对的痛点问题，尤其是实现部分数字化的工厂与制造企业。部分数字化通常导致数据被锁闭在传统系统中，如何从单点数字化向综合集成迈进，形成全流程的一体化数据协同管控，成为这些企业面临的新问题。

企业普遍存在的共性问题主要有业务系统信息孤岛、能源使用成本高、设备连接率低、数字化程度低。同时，在生产管理过程中存在质量追溯困难、生产过程跟踪困难、数据流不完整、工艺流程优化手段单一、预测手段和检验手段单一、优化流程周期长等问题。

　　重庆丝路启航智能科技有限公司（简称"丝路启航"）深耕工业垂直领域，关注工业互联网中"端"的采集、传输的"管"道、数据的"云"处理，以及业务 App 等工业数据传输链路各环节的数据采集、处理、存储、利用和管理。

案例 3-6　Leansite 数字化工厂解决方案

　　📖 **解决方案做法**

　　解决方案通过自主研发的边缘设备处理器、灯联网智慧照明灯具、大数据一体机、Leansite PaaS 平台、工业 App 等相关产品，帮助企业实现生产管理各环节的数据采集、处理、存储、利用和管理。针对工业企业的整个业务流程进行实时监控分析，对边缘端设备、业务系统（HRM、CRM、ERP、MES）等产生的结构和非结构化数据进行收集、处理和存储，通过端到端的应用开发工具集进行分析。解决方案主要包括以下 5 个模块。

　　（1）数据采集。数据采集提供物联网边缘控制器 BI，集成边缘存储和边缘运算功能，在本地进行运算处理后，将运算结果通过灯联网上传主云端。

　　（2）数据传输。数据传输提供 Leansite Liot 数字流明系列智慧照明灯联网产品，照明灯具自带通信功能，形成无线 MESH 网络，每盏灯具可以自定义控制及实时状态监测，同时可承载能源数据、监控视频、设备联网数据、厂务数据等。

（3）数据存储。大数据一体机实现海量实时数据的存储，可为企业提供开箱即用、SaaS 化的应用开发和自动运维服务。

（4）数据建模（工业 App）。工业 App 应用市场用于应用发布、安装、升级，支持自助发布和安装，支持在线和离线的应用交付。

（5）数据分析。数据分析通过各控制系统实现数据采集、追溯及监控、报警与处理、设备管理，建立数据智能分析的扩展能力，实现生产异常处理过程自动化。并通过数据建模实现预防性维护、企业驾驶舱全局管理等功能。

📖 取得成效

解决方案帮助企业提高生产设备利用率，减少企业人员成本、设备成本、能源成本。解决方案以数据中台为核心，实现数据管理辅助业务流优化、预防性维护、点巡检管理，缩短停机时间；实现质量追踪、质量异常统计；基于质量数据分析实现工艺流程优化改进、问题溯源。

📖 商业推广模式

以工业 App 为交付物，将生产管理中涉及的各功能点进行产品标准化，可在较短时间内提供符合企业自身需求的管理软件。尤其在项目前期，丝路启航通过与企业沟通，选择一条生产线作为数字化工厂解决方案的切入点。

📖 落地应用情况

　　解决方案已在海斯坦普（重庆）、重庆安道拓、上海哈金森运行，涉及汽车座椅、注塑等行业。

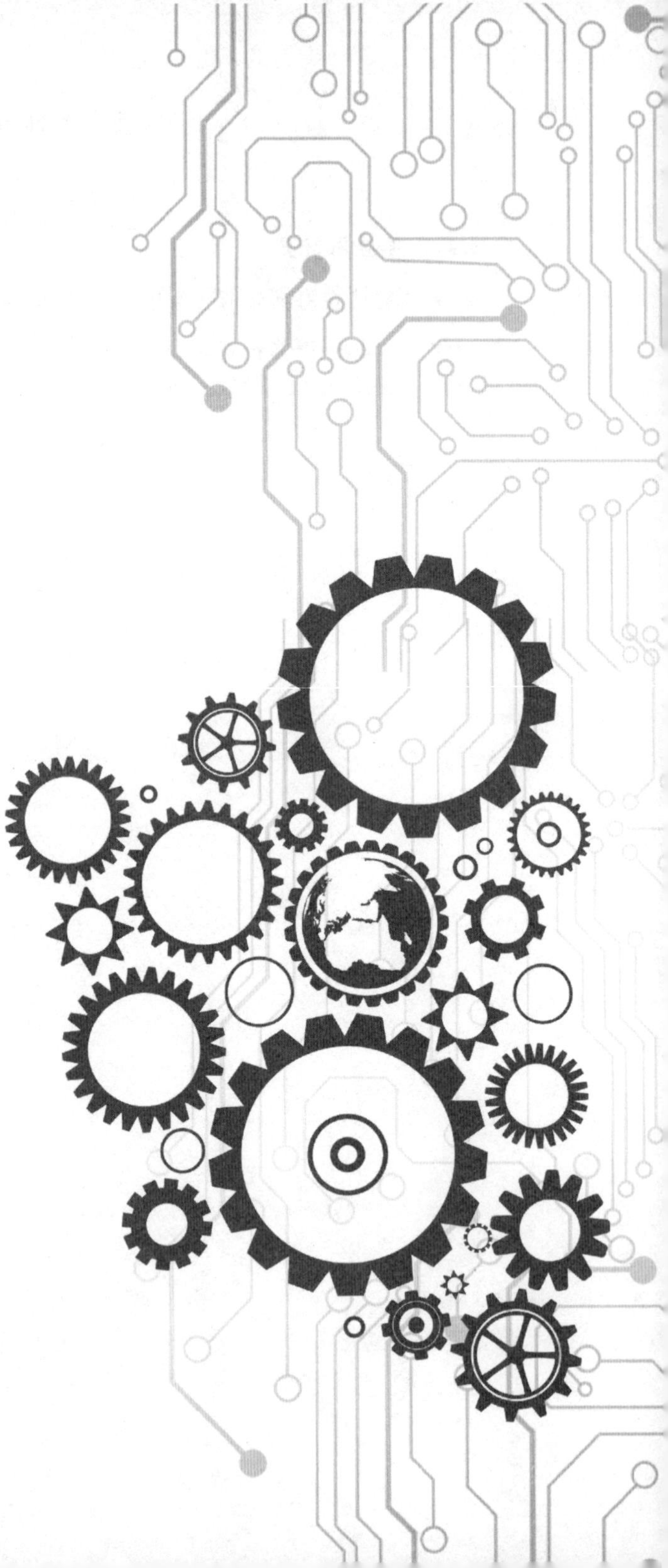

一、概述

在工业互联网解决方案里，有一类技术通常需要与工业知识深度融合，通过深度理解和学习工业机理，构建相应的工艺、设备、产线、设施等数字化模型，通过虚实映射挖掘新规律，实现此类技术的落地应用，数字孪生、人工智能和 AR/VR 就是其中的典型。

如图 4-1 所示，45%的工业互联网解决方案应用到了人工智能技术，包括机器学习、深度学习、机器视觉等，在数据价值挖掘中发挥着重要作用。由于数字孪生技术涉及更深的工业

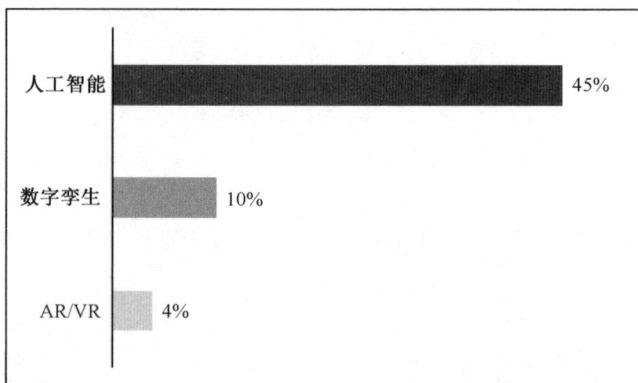

图 4-1　工业互联网解决方案新技术应用占比

数据来源：国家工业信息安全发展研究中心。

知识理解，其应用比例仅为 10%；AR/VR 占比更低（仅为 4%），它主要用于人工辅助、技能辅助等场景。

二、数字孪生解决方案

数字孪生（Digital Twin）技术是指针对物理世界中的物体，通过数字化手段构建数字实体，从而实现对物理实体的了解、分析和优化。数字孪生充分利用了物理模型、传感器更新、运行历史等数据，是集成多学科、多物理量、多尺度、多概率的仿真过程，是在虚拟空间中完成映射，从而反映相应实体装备的全生命周期过程。

现在已经可以见到数字孪生技术在供应链管理、生产制造、产品研发、故障诊断等场景中的应用。基于模型、数据、服务方面的优势，数字孪生正成为工业互联网关键技术；同时，工业互联网也已成为数字孪生技术扩展应用场景的孵化床，从制造业逐步延伸拓展至更多的工业互联网空间。

🔅 解决痛点一：连续生产精准管控难

在经济新常态和低油价叠加的背景下，石油和化工行业发展面临巨大压力和挑战。一是供需矛盾突出，通用型化工材料产能过剩凸显、中高端产量自给率不足；二是清洁生产压力，必须向绿色低碳循环方向发展；三是安全生产压力，生产过程具有易燃易爆、有毒有害、高温高压的特点，重大安全事故时有发生；四是成本压力，原油对外依存度高，成本上升导致企业盈利能力持续减弱；五是生产运营方式变化，智能决策管理、产业链协同趋势明显。

石化盈科信息技术有限责任公司（简称"石化盈科"）专注于为石化工业行业提供全产业链解决方案和产品，在竞争日趋激烈和政策压力逐渐增加的情况下，石化行业如何在满足各方需求的同时，解决随之而来的复杂问题？

案例4-1　石化工业数字孪生解决方案

📖 **解决方案做法**

解决方案依托 ProMACE 平台，实现工业设备的接入。通过资产模型、工厂模型、三维数字化、工业大数据与工艺机理建模构建数字孪生，沉淀工业经验与知识，形成工业专家知识库。通过平台的实时计算能力与数据处理能力，融合模型、数据与知识，形成工业服务，支撑工业应用。构建数字孪生模型是实现全厂物理信息系统（CPS）的关键步骤，主要做法包括以下5点。

（1）通过全厂资产模型建模完成全厂设备设施数字化描述，实现全厂设备设施标准化主数据服务。

（2）基于资产模型，利用工艺机理模型建模工具，实现对设备设施的机理建模。

（3）利用工厂模型建模工具，站在全厂业务的视角对业务对象进行组态，形成工厂模型，如装置的投入产出模型、能流模型、蒸汽管网和水管网模型等。

（4）基于工厂模型和工业数据湖，利用工业大数据建模工具，构建和训练大数据模型。

（5）通过三维数字化建模实现全厂仿真模型与全厂可视化。

📖 **取得成效**

镇海炼化分公司通过设备健康管理应用累计增效 7140 万元，其中，直接经济效益 5787 万元，间接经济效益 1353 万元；指令执行效率提高 15%，而储运调度岗位仍保持 2 名员工，业务增加、人员未增加，实现新型减员增效。

📖 **商业推广模式**

解决方案适用于石油和化工行业（含煤化工），市场需求大、应用前景广阔。其中，大企业采用私有云建设，中小企业采用公有云建设。

📖 **落地应用情况**

解决方案已经在镇海炼化、九江石化部署实施。

💡 **解决痛点二：复杂产线精细化管控难**

以汽车制造为代表的生产线自动化程度高、生产线结构复杂、专用性强、一次性投资大，一旦出现计划外的故障停机，会导致制造企业每小时的损失高达数百万元甚至数千万元。但生产线缺乏实际自动化生产线运行状态信息反馈，导致生产线设计与制造不能形成闭环、难以突破产能瓶颈，自动化生产线每年维护费用占生产线原值的 20%～30%。

广州明珞汽车装备有限公司（简称"广州明珞"）为汽车制造业、航空、新能源及其他工业领域企业提供智能生产线的规划、设计、制造和运维服务，他们致力于探索和构建生产线数字孪生体，而数字孪生能够为离散制造企业带来什么成效呢？

案例 4-2　自动化生产线的数据诊断运维解决方案

📖 **解决方案做法**

解决方案主要输出自动化生产线诊断及优化报告、自动化生产线数据诊断分析服务平台本地化部署及运维管理服务、生产线优化实施服务 3 个方面。广州明珞自主开发的自动化生产线数据运维服务智能化平台，采用 PLC-采集器-云服务的架构。

（1）从 PLC 和传感器采集数据，为数据包添加时间戳后，将其发送至云端进行存储、解析。利用云计算技术、智能网关硬件、工业总线通信技术、VPN 技术及大数据技术等对生产线、工位、设备的节拍、电流/电压、扭矩、压力、速度/加速度、位移、振动、温度等关键工艺数据进行采集和分析。

（2）构建自动化生产线数字孪生体，实现设备远程监控、故障和警报的实时分析和通知、远程故障诊断和设备维修保养管理、设备预防性维护及工业大数据挖掘等功能。

（3）开展生产监控、质量优化、工艺优化、设备维护、节拍提升等一系列智能服务，以及 PLC 远程调试、AR 远程技术指导，能够实现在线模式、离线模式和远程模式的智能运营维护服务。

📖 **取得成效**

在不增加客户任何生产线硬件投资成本的前提下，实现设备开动率提升 5%；生产节拍提升 64JPH；实现核心数据上云不出厂的目标，安全覆盖率达到 100%；利用人工智能技术，设备使用 AR 远程维护，覆盖率达到 100%；设备的使用与维修成本降低 10%以上；增加年产值超过 7 亿元；节约 13%的设备维护人力成本。

📖 **商业推广模式**

解决方案主要有 4 种盈利方式：自动化生产线诊断及优化报告服务收入，按照信号点的单价收费；系统本地化部署及运维管理服务收入；生产线优化实施的收入；监测系统服务收入。

📖 **落地应用情况**

解决方案目前已经在汽车制造行业落地应用，实施案例超过 30 个，为 20 多个客户提供了自动化生产线的运维诊断服务。

💡 **解决痛点三：质量稳定性控制难**

由于各行业数字化水平并不一致，需求也不一致，在部分信息化领先行业已经开始探索更精细化管理和更严格的质量管控方案，数字孪生成为帮助企业解决这一问题的关键技术。

当前，烟草制造行业对卷烟生产的高速度与高品质有极其严格的要求，从烟叶的筛选、制丝、卷接、包装到产品输出的整个生产过程中注重配方工艺的稳定、质量控制的稳定，同时，异型烟、多品牌、个性化、小批量生产需求日益增长。

深圳华龙讯达信息技术股份有限公司在自动化领域深耕几十年，探索在单元级、系统级和 SoS 级 CPS 实现数字孪生，它如何帮助企业在事前、事中、事后对产品进行管理呢？

案例 4-3　基于 CPS 工业互联网平台的生产数字孪生应用解决方案

　📖 **解决方案做法**

解决方案基于木星工业互联网平台实现数据采集组件、数据建模组件、虚拟仿真组件、标准接口组件和安全保障等应用开发和应用部署。

解决方案建立了新一代智慧工厂数字孪生应用，实现生产制造仿真服务。在数据模型的驱动下，解决方案实现了车间生产要素、生产活动计划、生产过程等在虚拟车间的同步运行，为未来寻找满足车间生产和管控最优的生产运行模式提供辅助。

（1）生产前虚拟仿真服务。解决方案根据企业生产订单、生产工艺、原材料供应、安全库存等仿真要素，对人员活动、设备计划、物料供应能力、工艺流程走向等进行仿真测算，输出预生产结果，并支持不断迭代优化。

（2）生产中实时仿真服务。解决方案运用仿真技术对生产过程进行实时的监视和报警，辅助生产过程优化，提升生产制造管控能力。

（3）生产后回溯仿真服务。解决方案采用数据模型，以历史数据为依据，将生产前仿真和实际生产运行结果进行比对，形成差异评估，寻找生产异常的原因。

（4）设备运行生命周期仿真服务。解决方案基于设备传感检测、数据采集、边缘计算、数据驱动模型、设备数字孪生模型，实现对设备运行状态的实时监视和报警，为产品制造生命周期仿真提供基础保障。

📖 **取得成效**

以红云红河集团曲靖卷烟厂为例，有效作业率从原来的 89% 提升到 96%，零备件库存占用资金从 1.2 亿元/年降到 0.48 亿元/年，每 100 万箱比同规模企业成本少 0.6 亿元/年。

📖 **商业推广模式**

解决方案以微服务技术架构封装模块构成的工具集，支持各类企业快速获取定制化解决方案。以工业互联网平台为基础，在汽车、电子、航空航天、石化、新能源、智慧交通、生物医药、装备制造等生产线数字孪生建设过程中，形成多方合作，共建多级平台与系统化应用。

📖 **落地应用情况**

解决方案已经在上海烟机制造、中航工业起落架公司、深圳赢合科技、上海大众汽车等企业实施应用，并取得了良好效果。

三、人工智能解决方案

人工智能（Artificial Intelligence，AI）是指在机器上实现类似乃至超越人类的感知、认知、行为等智能的系统。AI 研究工作肇始于 20 世纪 40 年代，其完整概念在 1956 年正式登上历史舞台，直至 20 世纪 80 年代反向传播算法的发明及 20 世纪 90 年代卷积网络的发明，神经网络的研究取得了重要突破，AI 开启了新阶段。

根据 Gartner 的年度 CIO 调查，部署人工智能的企业比例已从 2018 年的 4% 增长到 2019 年的 14%，几乎翻了 4 倍。同时，与几年前相比，人工智能正在以多种不同的方式进入企业，其中自动化机器学习和智能应用的发展势头最为强劲，其他方法也颇受欢迎，包括人工智能平台即服务（PaaS）、人工智能云服务、人工智能市场和许多利基解决方案。

人工智能对工业的影响主要体现在工业视觉、工业机器人、工业物联网和工业云计算等方面。目前，人工智能在工业工厂车间的应用主要包括视觉检测、视觉分拣及故障预测。可以说，工业场景为人工智能技术带来了新机会和新视角。首先，工业为人工智能技术提供了新的价值视角，从过去以机会为导向的发散型应用，转变为以问题为导向的收敛型应用。同时，人工智能技术的应用需要更多地聚焦在解决过去还没有解决的问题上，而不只是创造新的需求或者换种途径解决已经较高效解决的问题。此外，工业场景中的问题更加具象，有更明确的价值标准，利用人工智能技术解决工业场景中的问题将是一片新的应用蓝海。

💡 解决痛点一：关键工序稳定性差

在生产制造过程中，往往存在一些关键工序、关键环节、关键动作，这极大地影响生产稳定性和良品率，如果能找准关键点，那么解决痛点问题就能够更有针对性。

在重大工程项目（如核电项目）中，作为最为关键的工艺环节之一，焊接接头的质量会影响整体结构的可靠性和安全性，焊接施工质量决定了工程项目的整体质量，焊接工期和成本也是影响项目经济性的重要变量。传统的焊接施工质量主要基于经验和施工人员、管理人员的自身素质，这导致焊接施工安全和质量的管控难度很大，存在较大的经济和安全隐患。

中广核工程有限公司是中国首家专业化核电工程管理公司，核电工程对安全性和稳定性的要求极高，他们如何通过人工智能算法对关键工序实现更稳定、更精准的控制呢？

案例 4-4　基于 NICE 工业互联网平台的新型智能焊接解决方案

📖 **解决方案做法**

解决方案基于 NICE（Nuclear Intelligent Construction Engineering）工业互联网平台，针对焊接行业的共性问题，可以对影响焊接工程安全与质量的人员、物料、装备、程序、环境等因素进行有效管控。

（1）通过视觉 AI 技术，借助低延迟、大带宽 5G 网络，对人员动作行为进行实时识别和管控。

（2）通过物联网技术实现焊缝信息和工程物资的全周期追溯，实现核电施工物料管理。

（3）通过边缘智能技术、数字孪生和深度学习等方法，实时监测和采集焊机的状态数据和大数据进行分析，实现工艺建模和质量管控。

（4）通过基于区块链的数字签名技术防范过程记录造假。

（5）基于焊接机理与积累的大量经验数据，构造了焊接质量判别模型及故障生成模型，实现了焊接质量的全流程智能管控和常见焊接缺陷的实时预警。

📖 **取得成效**

自解决方案部署投用以来，已累计完成焊接质量检测 3782 次，发现质量问题 2695 次，将焊接质量合格率提升为 98.8%。直接经济效益 698 万元，间接经济效益 1360 万元，规避潜在重大风险损失 3790 万元。

📖 **商业推广模式**

解决方案实现了工程质量要素之间的互联互通，适用于工程施工和监管单位的技术和质保人员，用户可根据需求定制功能模块，可实现分布式快速部署和负载均衡，复用成本低、通用性强。平台将向用户收取平台 IaaS 基础资源使用费。

📖 **落地应用情况**

解决方案已经在防城港二期核电项目和广东太平岭核电项目部署实施。

💡 解决痛点二：设备生产效能提升难

由于工业场景较为复杂，现场设备种类繁多，多种工业通信协议不开放，导致数据采集的难度大、成本高，还有很大一部分设备是无控制器的哑设备，用户无法实时掌握设备状态，更无法获取全面的设备效率分析报告和生产状况分析。现阶段，如何通过数字化手段，低成本快速实现效能提升是企业家关心的核心问题。

根云小匠聚焦设备效能提升，是基于根云平台的设备效能分析软硬件组合方案，希望能够探索出一套通用性强的设备效能解决方案，以解决企业面临的困惑：不断购买设备，产能的提升却不大，问题出在哪里？有些设备是否能进行不同部门不同产品的

灵活调配？各产品线的作业情况到底如何？现场的在制品为什么
总是堆积如山？计划为何如此混乱？产品为什么总是不能按期交
付？工人在有效工作吗，是否有提升空间？各工艺段的真实作业
情况如何，是否有改进空间？公司设备瓶颈在哪里？耗电差别为
何如此之大，能否降低用能成本？

案例 4-5　基于 AI 计算的设备效能分析通用解决方案

📖 **解决方案做法**

解决方案通过集成电流互感器、电表、网关及断路器等电气附
件，形成标准化安装方案，客户可实现自助安装；将数据上云所需
的配置参数内置在二维码中，客户通过手机扫码，一键创建设备，
并打通数据链路，将数据上传到云端应用，可直接在手机端查看设
备数据。

解决方案通过大数据中间件，实现根云平台 IoT-HUB 与边缘侧
设备的解耦，支持每秒钟几万条数据的并发量，可实现大数据量的
入云；可对数据存储方式进行定制化选择，如全部存储、变化存储、
周期存储、不存储等方式，灵活地根据业务场景配置存储方式；同
时，将 3 个月以内的热数据存放在时序数据库（influxdb）中，将 3
个月以上的冷数据导入 HDFS，在保证查询性能的同时，实现客户
数据的可靠存储。

解决方案提供设备状态数据，利用根云智造中台的业务数据引

擎进行数据清洗聚合，可将平台提供的设备状态数据聚合成设备状态时间，供根云智造中台搭载的各种应用系统调用。数据引擎为各应用系统提供统一的数据计算服务，所有业务数据都可以在智造中台通过数据引擎进行聚合。

设备状态判断采用电流阈值法，其中电流阈值通过 AI 算法智能计算，通过设备两周的历史电流曲线训练得到阈值模型，据此计算出状态阈值，并且能够根据业务规则配置阈值更新的频率，以适应设备在不同作业负荷下的不同电流峰值；AI 算法通过根云大数据工坊无缝对接 HDFS，线上计算、定时更新，设备状态准确率高达 97%以上。

📖 取得成效

应用企业在不增加设备的情况下，平均提升 10%的产能，减少现场在制品积压，平均提升 5%库存周转率，盘活固定资产。

📖 商业推广模式

解决方案采用典型的 SaaS 模式，线上即可订货。面向广阔的市场，根云小匠致力于打造互联生态，依托根云平台、市场渠道、地市政府、工业联盟等方式进行宣传，并与更多硬件生态伙伴合作，共同降低硬件成本。

📖 落地应用情况

解决方案已在三一集团、广东迈克林、汤姆逊等制造企业进行推广应用。

🔆 解决痛点三：关键设备机理挖掘难

电机是旋转类设备的主要动力源，大量电机、风机、泵等负载和减速机、耦合器等传动设备构成了关键机组。当前，大型工业企业的机组设备仍停留在"点检定修"与"事后抢修"混合的预防性维护模式，基于日程的健康状态冗余"过检修"和人员经验及责任心导致的"欠检修"均无法避免，设备剩余寿命被低估，意外停机率和事故率居高不下，备品备件库存积压严重，设备运维团队疲于奔命，整体运营和管理效率较低。

沈阳科网通信息技术有限公司是一家提供电气及机械设备的智能化管控产品和服务的高新技术企业，他们如何通过人工智能技术深挖电机设备机理，并将设备预测性维护进行更大范围的推广呢？

案例 4-6　基于 AI 的旋转类设备预测性维护应用解决方案

📖 **解决方案做法**

解决方案以设备运行的机械和电气状态在线监测为基础，通过连续在线监测电机运行的工艺数据和现场传感器获取的振动、声音、温度等辅助信号，采用大数据分析和故障预测模型运算等人工智能方法，在工业云上部署 IMS 系统，跟踪设备性能衰减和实时健康状态，预测设备故障的发生时间、原因和故障点，详细记录设备运行、维护、检修数据，实现以故障预测触发运维检修的按需维修工作流程。

解决方案在技术实现上采用实时在线监测和故障实时报警；采用高达 1000Hz 以上的运行状态信号采集；传感器部署具有环境自适应、误差自补偿、扰动自矫正的特性；核心故障预测技术采用"机理模型+大数据模型"进行故障预判；包含 100 多个大数据算法和机理模型，能够在线训练、在线更新；平台还具有设备点巡检管理系统、无忧维修、智能点巡检、智能监控等综合功能，完成设备由监测到预测，再到检修的垂直一体化整合。

📖 取得成效

解决方案有效提高设备保障率至 85% 以上；降低关键机组设备的备品备件库存达 60% 以上，减少库存额度 3000 万元以上；同比降低维修成本约 15%。

📖 商业推广模式

解决方案针对"皮带运输机""联合轧制机组""热输出辊道电机"等生产线的特点，提供了额外的非旋转类设备故障预报与健康管理解决方案，实现了设备智能运维能力的成套输出。解决方案已经率先在钢铁冶金行业的风机、泵、轧机等大型关键机组上大范围实施运行，基本覆盖炼铁、炼钢、热轧、冷轧等生产线；同时，逐步在石油、化工、能源、矿山等行业的工业企业进行试点运行。

📖 落地应用情况

解决方案服务鞍钢集团烧结厂，提前预测电机故障点和故障发生时间 26 次。

解决方案服务本钢集团贾家堡铁矿的球磨机、旋渣浆泵、隔膜泵、传输带、尾矿搅拌机、破碎机等大型碎矿选矿设备，为企业避免意外停机 9 次。

解决方案服务本钢集团起重机有限公司，成功检测电机的电气故障 2 次。

解决方案服务攀枝花钢铁厂，检测出设备潜在运行故障 8 起。

四、AR/VR 解决方案

虚拟现实技术（Virtual Reality，VR）是一种综合计算机图形技术、多媒体技术、人机交互技术、网络技术、立体显示技术及仿真技术等多种科学技术综合发展起来的技术，其特点在于可以创建和体验虚拟世界，使用户可以通过视、听、触等感知行为产生一种沉浸于虚拟环境的感觉，并与虚拟环境相互作用，从而引起虚拟环境的实时变化。增强现实（Augmented Reality，AR）则是一种实时计算摄影机影像位置及角度并加上相应图像的技术，是一种将真实世界信息和虚拟世界信息无缝集成的新技术，这种技术的目标是在屏幕上将虚拟世界套在现实世界并进行互动。

　　VR 的应用场景包括：工厂规划（对工厂环境进行三维建模，将所有建筑布局呈现在眼前）、数据可视化（用户在中央控制室中就能对整个工厂设备进行可视化监控）、VR 装配（虚拟机械装备可以帮助工程师在不需要实体模型的情况下进行产品虚拟设计）、虚拟培训（让学员在上岗前就能熟悉整个工厂的环境并在虚拟工厂中进行机械操作训练）、VR 维护（将设备的常用故障问题预设到系统中，在使用设备出现故障时，用户可以在 VR 系统中找到解决方案）。

　　AR 对企业的重要作用覆盖市场销售、创造研发、运营及人才管理等方面，作为智能制造转型过程中的一项关键技术，其主要的应用模式包括：让设备的维修维护变得更便利、更便捷，准确地指导产品的生产制造过程，让产品营销变得更犀利，在产品设计阶段仿真、分析、评审产品模型，运用 AR 拓宽物联网应用之路。目前，AR 的工业应用有四大场景，分别是 AR 培训指导、AR 巡检维护、AR 作业管控、远程协作与通信。

解决痛点一：产品远程服务成本高

　　金属板材成形机床上下游产业属于典型的离散制造模式，并且 95% 以上为中小型企业，普遍存在制造装备落后、生产模式落后、管控信息不透明等问题。随着个性化定制需求的不断增加，多品种小批量生产模式已经成为主流，非生产时间占比长、设备故障维修周期长、生产工艺流程分散、生产资源配置冲突、生产排产工序衔接无序等问题越发突出。

亚威股份深耕中高端金属板材成形机床行业 60 年，在服务化转型趋势下，他们正在探索面向客户提供产品全生命周期服务，增强现实技术为远程运维服务提供了新的模式。

案例 4-7　基于亚威智云工业互联网平台的机床全生命周期服务解决方案

📖 **解决方案做法**

（1）构建金属板材成形机床敏捷服务体系。解决方案帮助企业逐步实现从预防式维护到预见式服务，实现产品设计、生产、使用、服务、优化升级的闭环管理，促进产品"后服务"质量的提升及产品技术的迭代更新。

（2）搭建面向行业的在线设计平台。基于在线工艺设计软件实现行业工业机理模型的迭代验证、工艺设计方案的持续优化，形成一套快速可调用的智能工艺库解决方案，依托开放式平台形成在线智能工艺设计交易。

（3）打造设备在线管理、征信服务体系。以设备上云和企业上云为抓手，动态采集设备运行信息，实现设备运行记录统计分析、设备点检、设备征信等功能，提升设备利用率，保障设备的健康运转并助力中小微企业融资征信。将 AR 应用于机床远程维护，现场维修技师通过 AR 即可查看数控机床故障部位三维动态拆解过程及维修指导，大大降低了对维修技师的职业技能要求。

（4）适应多品种小批量的生产管控。解决方案打通订单计划、工艺设计、生产执行过程数据，快速响应多品种小批量生产需求，通过开放式的客户查询机制增强客户的参与度和信任度。

📖 取得成效

开拓机床"后服务"市场，预计节约服务成本约 1 万元/台/年，实现服务价值回报约 1 万元/台/年。帮助制造业企业实现降本增效，综合预估创造附加利润约 10 万元/台/年。

📖 商业推广模式

平台主要采用工业 App 在线订阅方式，收费具有连续性特点，可根据需求个性化定制解决方案。

在机床垂直领域，鼓励大中企业开发资源，引导小微企业将设计、制造能力对外开放，推动大中小企业融合发展。

目前，解决方案主要服务于机床行业及其下游产业，含机床制造、钣金加工、清洁能源装备、电力电气等行业。

📖 落地应用情况

解决方案已经在江苏保丽洁环境科技股份有限公司、江苏聚能电气自动化有限公司实施应用，并取得了良好效果。

第五章
创新探索：5G 和区块链

一、概述

新一代信息技术更新迭代速度迅猛，新兴技术层出不穷，成为引领新模式、新业态的有生力量。工业互联网是新技术创新应用的前沿阵地，2019 年涌现出一批新技术应用的工业互联网解决方案，其中 5G 和区块链成为新技术应用的重点。

如图 5-1 所示，目前已有 7% 的解决方案探索应用 5G 技术，主要应用于工厂内外网协同、外网通信、高清视频等领域。区块链在可信认证方面仍处于探索阶段；4% 的解决方案尝试利用区块链技术促进产融合作、产业链互信等。

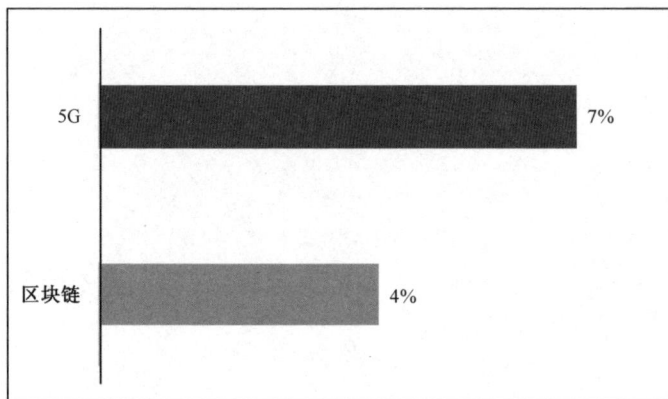

图 5-1　工业互联网解决方案 5G 及区块链技术应用占比

数据来源：国家工业信息安全发展研究中心。

二、5G 解决方案

第五代移动通信技术（5G）是最新一代蜂窝移动通信技术，其性能目标是高数据传输速率、减少延迟、节省能源、降低成本、提高系统容量及与大规模设备连接。

在工业领域，5G 技术主要有两大类应用方向：一是工厂内布置 5G 网络，用于设备数据通信、大规模数据传输等，5G 工厂网络的应用包括设备数据采集、AGV 通信和控制、大规模数据传输及云+边分析（支持高清视频监控、机器视觉质检、AGV 视觉导航、AV/VR 远程指导）；二是通过 5G 广域网络实现设备远程遥控和大规模数据传输，可以实现车辆、飞行器远程遥控及远程巡检、数据采集分析等。

💡 解决痛点一：高清图像传输分析慢

当前，带钢表面检测系统大都采用单机工作站架构，这带来了 3 个困境：一是钢铁行业目前的机器视觉表检方案都采用单机部署，数据无法共享；二是缺陷图像库受制于工作站的算力，存储缺陷识别率无法进一步提高；三是表检系统成本较高。另外，国内钢铁企业的网络连接也面临改造困难等诸多问题。

中国移动通信集团辽宁有限公司、鞍钢集团自动化有限公司、中兴通讯科技有限公司联合研制解决方案，将 5G 技术与机器视觉相结合，提供了新型的带钢表面质量检测方法。

案例 5-1　基于 5G 的机器视觉带钢表面检测平台解决方案

📖 **解决方案做法**

解决方案结合工业互联网、机器视觉研究、5G 网络及 MEC 系统、大数据平台、云计算等技术，利用工业相机拍摄高清图像，通过 5G 网络将检测图像上传至云平台，结合大数据分析图像数据，给出数据分析检测结果。解决方案具有以下优势：依托 5G 网络的大带宽和低时延特性，高清图像得以快速上传和分析，满足工业企业高速运转的要求；解决方案引入 MEC 系统，将本地数据进行分流，实现工业数据不出厂，保障工业数据安全和信息安全；利用企业内多条生产线的海量数据，实时更新缺陷库，提升缺陷识别率；同时，5G 网络、表检系统等多项关键系统均采用自主研发模式，可快速移植至其他应用场景。

📖 **取得成效**

解决方案重点解决钢铁企业机器视觉成本高、单机运作缺陷库无法共享、检出率和缺陷识别率存在瓶颈等问题，减少钢铁企业在网络、表检系统方面的投资和维护成本。同时，有效指导企业优化生产工艺、提高生产效率、降低废品率、减少质量成本。

目前，系统稳定运行率在 99% 以上，每秒可处理带钢图像 10 米以上，常规缺陷检出率在 95% 以上，常规缺陷识别率为 73%～95%。系统实施以后，通过对带钢缺陷的实时检出，每年提高经济效益 400 万元。同时，可大幅避免因缺陷引起的废品产生、停机和伤辊等事故，每年减少成本 300 万元。

📖 **商业推广模式**

钢铁行业的机器视觉市场规模约为 625 亿元，解决方案深耕钢铁行业，聚焦机器视觉领域，针对基于 5G 机器视觉有需求的钢铁行业企业重点进行推广，且可快速移植至其他型材制造业、造纸业等表面质量检测场景。

📖 **落地应用情况**

目前，解决方案已应用于鞍钢集团冷轧厂 13 条冷轧生产线。

💡 **解决痛点二：工厂内外网连接水平低**

当前，我国工业企业发展水平差异较大，相当一部分企业存在数字化/网络化基础薄弱、信息化水平低、网络多样且无统一标准、互联互通难、新技术应用程度低等问题，这严重影响了企业的生产效率、管理效率，制约了企业发展。

中国联通和三一重工联手，合作利用 5G 技术解决工厂内外网连接问题，构建"云端+骨干网络+边缘端+5G 专网+终端"的动态带宽可调方案，打造云网协同的工业互联新模式、新机制。

案例 5-2　5G 及软件定义的云联网技术在装备制造领域的智能 化应用解决方案

　　📖 **解决方案做法**

　　根据业务需求，优先考虑 5G 与工业 PON 光纤技术，自下而上考虑汇聚及传输层的网络设计。鉴于云联网已在三一重工成功试点，引入 SDN 管理功能，以达到差异化服务的目标。支撑智能制造和智慧园区两大基础应用生态，开展特色化示范应用。

　　(1) 工厂外网。中国联通针对 2B 市场需求推出"轻量级云联网"云网解决方案，全面完成骨干网 SDN 化改造，实现全国 334 个地市的一点入云、按需接入、客户自服务，支持多种接入方式。

　　(2) 工厂内网。MEC 作为 5G 演进的关键技术，可以在更靠近客户的移动网络边缘提供云计算能力和 IT 服务的环境，降低对核心网络及骨干传输网络的占用，并缩短端到端时延，为客户提供动态网络、智能管道、AI 运维等差异化边缘体验。工业 PON 网络利用多种接口及协议实现底层设备数据传输及数据采集，可实现高可靠、高安全、高效率的组网。

　　📖 **取得成效**

　　(1) 生产效率：流水化作业 5 分钟装配一台挖掘机，人均产值提高 24%，制造成本约节约 1 亿元。

　　(2) 产能规模：单个工厂 20 个工位、30 余种型号混装，支撑

100 亿元产值。

（3）产品品质：减少生产误操作 40%，不良品率下降 14%。

（4）库存效率：易损件、备件呆滞库存降低 40%。

📖 **商业推广模式**

该项目支持两类盈利服务模式：一是平台应用周期化服务模式，二是集成定制化开发服务模式。未来网络的收费标准将按需收取，为企业节约成本。按照市场及客户需要，可及时按照现有盈利模式动态调整相关市场策略。

📖 **落地应用情况**

目前，解决方案已在三一重工应用。

💡 **解决痛点三：设备运行服务通信难**

由于缺乏运行经验，基础配套软硬件能力不足，国产飞机 ARJ21 现阶段运行成本高、运营效率低，制约了国产飞机快速商业化，成为亟待解决的核心问题。核心原因是存在 3 个孤岛：一是飞机自身信息孤岛，大量状态和系统信息难以在航中和航后外传；二是飞机外场运行孤岛，大量维护与状态信息难以与航司运控中心同步；三是航司自身信息孤岛，大量运行数据难以与主制造商多部门同步。

中国商飞北研中心承担 CR929、C919、ARJ21 等型号关键技术攻关、系统综合论证、试验验证等任务，正在尝试通过 5G 技术的融合应用，提供更好的飞行服务。

案例 5-3　国产大飞机 5G+智能飞行解决方案

📖 **解决方案做法**

基于 5G+数字孪生技术的空地同步虚拟飞行仿真，构建地面虚拟飞机模型，利用 5G 传输的真实数据驱动虚拟飞机，通过虚拟模型仿真，不断优化飞行性能、复现故障，提高运行经济性。

基于飞行知识图谱的飞行员驾驶智能辅助决策支持，建立飞行程序知识图谱和故障专家知识系统，协助飞行员辨识场景，提高关键飞行场景下的决策正确率，提高飞行安全。

基于 5G 的智慧客舱，通过 5G-ATG，提供飞机接入互联网的能力，为旅客提供高带宽互联网服务及基于旅客画像的个性化针对服务，提高航空公司竞争力。

基于 5G 的飞机航线运行外观完整性检测，利用 5G 传输高清外场拍摄的飞机外观损伤照片，基于图像识别与智能诊断协助机务人员对损伤进行判断，提高飞机转场效率。

基于 5G 通信的飞机健康诊断与维护，通过大数据分析与智能预测，实现对飞机系统健康状态的预判和诊断，提高飞机维护维修效率。

基于 5G 面向持续适航数字透明实验室，通过 5G 技术将专业结构强度实验室的试验基础数据及工艺验证分析的信息与航空公司和适航管理部门共享，实现试验过程透明化。

📖 **取得成效**

5G-ATG 实现空地通信宽带从几万比特提高到百兆比特，虚拟飞行技术长期可优化飞行性能 2%～3%；驾驶辅助决策可缩减 30% 的飞行员判断时间，降低 10% 的负担；航线外观完整性检测可降低 70% 的人工检查和 60% 的维修诊断时间；健康诊断可提前几小时甚至几天预测系统故障，减少备品备件数量。

📖 **商业推广模式**

解决方案将采用效益分成模式，免费为运行国产飞机的航空公司提供服务，根据航空公司应用所产生的经济效益和节省的费用，按照一定比例获得效益分成。现阶段主要在成都航空应用，后续将在国航、东航、南航、天骄航空等公司进行复制。

📖 **落地应用情况**

解决方案已在成都航空落地应用。

💡 解决痛点四：特殊现场通信难

矿山生产过程属于常态化移动性作业，采掘生产、辅助运输、机电管理等生产环节均需要高质量、安全可靠的通信系统来保障数据传输。然而，在复杂的矿山生产工作环境中，有线传输系统极易产生线缆断裂、接头松动等故障，线缆敷设劳动强度大、施工难度高、安全隐患多，而目前井下主要采用的 WiFi、4G LTE、ZigBee、LoRa 等无线传输技术又存在传输速率低、延时大、故障率高及数据丢失、误码率高等状况，网络通信质量和可靠性较差，无法满足矿山生产智能化的需求，为了实现井下辅助运输、巡检、检修等业务的智能化，急需一套能够覆盖全矿井下的低延时、高可靠无线传输系统。

北斗天地股份有限公司探索 5G 技术在矿山行业爆炸性环境下的应用，推动对矿井数据传输系统痛点、难点问题的解决。

案例 5-4　5G 技术在矿山行业爆炸性环境下的应用解决方案

　📖 **解决方案做法**

解决方案将 5G 技术及煤矿智能化需求相结合，研发适用于煤矿井下特殊环境的 5G 智能传输平台及相应的组网技术，包括边缘服务器的矿用化、小型化、可定制化研发及相应的智能网络切片技术，矿用工作面基站及其综采工作面的环型冗余组网技术，可实现 5G 技术在煤矿爆炸性环境下各主要生产场景的应用，达到高冗余、高可靠、超宽带、低时延保障井上下通信安全的要求。

方案核心优势包括：

(1) 核心网、边缘计算等矿用 5G 核心设备的小型化和定制化。

(2) 700MB/2.6GB/3.5GB 三频段组网运行，保证矿用 5G 系统针对应用场景的适用性。

（3）矿用 5G 智能传输平台可将部分核心网控制业务下移至边缘计算设备，在核心网断网的情况下不中断运行中业务的传输，提高传输平台的安全性和可靠性。

（4）采掘工作面使用的设备均为矿用低功耗、本安型设计，可在断电情况下持续工作 4 小时以上，增强了系统在煤矿井下极端场景的生存能力和业务支撑能力。

📖 **取得成效**

矿用 5G 传输网可搭载辅助运输、智能巡检、远程检修等业务。例如，在井下无轨胶轮车、电机车、单轨吊等车辆上安装 5G 装备，通过矿用 5G 传输网进行数据采集、上传、分析，实现智能辅助运输；井下工作人员通过矿用 5G 手持终端，配合井下设备上安装的各种传感器，通过矿用 5G 传输网将设备数据信息传输给地面工程师甚至厂商技术服务人员，实现智能巡检、远程检修。项目建设完成后，通过满足智能矿山减人增效要求，每年仅节约人员成本一项可达 300 万元以上。

📖 **商业推广模式**

北斗天地公司负责矿用 5G 防爆产品的设计及研发，确保矿用装备的适用性；兖矿集团可提供示范应用环境，利用行业资源优势推广、推动行业标准制定。

📖 **落地应用情况**

目前，解决方案已在兖矿集团所属东滩煤矿地面选煤厂部署两台 5G 基站，信号覆盖东滩煤矿地面选煤厂生产区域，用于地面 5G

测试，搭载高清工业视频及部分工业生产数据业务，测试效果基本达到预期。同时，计划于 2020 年在兖矿集团所属东滩煤矿井下部署矿用 5G 装备并进行实地测试。

三、区块链解决方案

区块链可以理解为一个由多个节点共同维护、能够系统运转的数据库存储系统，包括去中心化技术（P2P 网络技术和分布式存储）、信息加密技术（密码学哈希函数和非对称加密技术）、共识机制（拜占庭容错算法、工作量证明机制、权益证明机制）等。从本质上讲，它是一个共享数据库，存储于其中的数据或信息，具有不可伪造、全程留痕、可以追溯、公开透明、集体维护等特征。基于这些特征，区块链技术能够奠定坚实的信任基础、创造可靠的合作机制，具有广阔的应用前景。

在制造业领域，由于涉及场景较为复杂，目前区块链技术的应用还处于起步阶段，但已经可见成效的应用场景包括防伪溯源、产品全生命周期管理、供应链管理、协同制造等。一方面，区块链可以帮助工业设计快速发展，通过区块链智能合约刻画协作的过程，使相关文件上链、全程透明、可溯源，从而提高协作效率；另一方面，区块链使工业生产更加高效，数字化工厂端采用中心化的工业云技术，而中间的订单信息传输和供应链清结算通过工业区块链和智能合约来完成，既保证了效率和成本，又兼顾公平和安全。此外，发展区块链能够促进产融结合，促进大中小企业融通发展，如基于区块链技术研发供应链应用解决方案，能够解决供应链上存在的信息孤岛难题，释放核心企业信用到整个供应链的多级供应商，从而提高整个供应链上的资金运转效率。

💡 解决痛点一：供应链可信水平低

传统制造企业面临设备连接能力差、数据传输不可靠、资金周转压力大、融资授信难、采购议价能力弱、物流成本高、产品质量追溯缺乏、产业转型难度大等一系列问题。亟须进行数字化升级改造，构建健康可信发展的产业链生态环境，推动产业升级。

中电工业互联网有限公司（简称"中电互联"）通过打通产业链间信息壁垒，实现上下游产业链信息互通，打造多方共赢局面，创新供应链金融应用，构建健康可信发展的产业链生态环境，助力产业链中传统制造企业的数字化升级改造。

案例 5-5　基于区块链的供应链精准服务解决方案

📖 解决方案做法

通过搭建数据中台架构，面向传统行业产业链中利益相关方，利用基于区块链的工业设备资产智能评估技术、基于区块链及 CA

的可信安全自动分账技术、面向订单生产制造的流程引擎技术等，打造供应链精装服务解决方案，实现商品生产、流通、销售全过程数据打通，完成供需精准匹配，提升供应链效率；通过对资产价值的智能评估和证券化运营，提供新的融资渠道，解决应收账款难的问题，降低工业企业成本，引导促进供给侧改革。

📖 **取得成效**

从行业企业应用成效来看，产品研发周期降缩短 12% 以上，库存率降低 20% 以上，采购效率提升 15% 以上，资金运转效率提高 13% 以上，公司现金流提升 30% 以上。

📖 **商业推广模式**

在工业领域，目前解决方案已在数字零售、SMT 两个行业推广应用，示范效应显著，接下来将在高空作业车、冷链物流、工程机械等行业进行推广应用。在民生领域，通过创新模式赋值推广，成功打造了大连智慧药房、济南数字微菜场等线下应用场景，践行"数字民生"，助力数字城市建设。

📖 **落地应用情况**

解决方案已在湖南凯杰科技有限公司、湖南兴元科技有限公司落地应用。

💡 解决痛点二：工业数据可靠度低

随着工业互联的深入发展，人、机、物的互联成为工业互联网核心趋势和发展命题。人、机、物之间互联存在不信任或互联意愿不强烈等问题，阻碍了工业互联网的发展。工业互联网互联困难主要包括设备安全和数据安全两个层面的问题。

湖南天河国云科技有限公司（简称"天河国云"）研发区块链+工业互联网解决方案，旨在通过区块链技术实现边缘计算指令、制程、数据等的安全可控，服务于工业设备的数据可信采集、存证和控制，进而保障工业生产中的网络安全、控制安全和数据安全。

案例 5-6 区块链+工业互联网解决方案

📖 **解决方案做法**

解决方案的系统架构主要分为边缘计算层、工业联盟区块链层、工业互联网安全云平台层。边缘计算层通过区块链技术赋能的数据安全网关实现工业现场数据采集、处理和控制，确保工业现场的安全和可信；工业联盟区块链层主要由区块链网络和分布式文件系统构成，为云平台数据安全、数据确权、数据交易提供"拿不走""赖不掉""改不了"等特性；工业互联网安全云平台层提供了工业安全预警、工业数据权益交易、工业控制监控、工业设备终端管理、工业数据版权查询、工业智能合约开发等应用前台及中台服务系统，满足多种应用场景的部署。

面向云平台和工业企业间协同问题，应用区块链技术强化工业互联网网络访问控制、数据完整性保护、控制软件身份鉴别和控制逻辑完整性保护，为中电云网 SMTOS 平台 SMT 行业子云提供基于区块链的工业数据采集、脱敏及工业生产设备的远程控制、误差自动调整能力。

通过区块链技术赋能的数据安全网关实时采集高空作业车的开机情况、位置、产能、负载等相关数据，利用网关侧边缘计算功能进行数据清洗及监控，控制指令的安全下发，实现基于区块链的网络行为异常检测、入侵防范、安全审计及控制软件的身份鉴别、访问控制，在高空作业车融资租赁场景下为银行、设备租赁方等提供安全的设备数据共享通道。建成之后，平台通过设立电子围栏等方式对设备位置、设备工况等情况设定预警条件，向延期设备及非法设备远程下发停机、限制部分功能等指令，实现融资租赁设备的预警监控。

📖 取得成效

助力云平台实现 15 条小微企业 SMT 贴片生产线的远程协同管控、统一调度，有效提升企业产能、产品质量和盈利能力，实现每年每条生产线平均增收 20 万元，云平台当年销售额增长近 300 万元，减少高空作业车融资租赁不良贷款率达 80%。

📖 商业推广模式

2019 年，天河国云与中电互联达成了战略合作关系，在 SMT 工业云和重型机械融资租赁系统上进行了深入业务合作。未来，一方面可依托中电互联丰富的市场资源及市场拓展能力，持续扩大天河链控平台的行业覆盖及市场覆盖；另一方面将通过不断加强的平台服务能力及不断完善的服务模式，进一步扩大市场份额。

📖 **落地应用情况**

除中电互联合作项目外，天河国云也在数字机床智慧眼、无人值守水泵站、重卡综合运维系统等不同工业领域打造了多个互联网解决方案，起到了带动产业链上下游协同发展、助推生产制造企业转型升级的作用。

3

第三部分

对准靶心：解决什么问题

新兴技术的诞生由慢到快，其发展取决于能否在既存领域找到一席之地，抑或能否找到新需求、开拓新天地。工业互联网解决方案也是如此，工业产业的发展总有优化升级的空间，也总有一些场景能够让特定的方案发挥出强大的生命力，进一步提高从资源到成效的转化率。研究发现，目前工业互联网应用集中在核心业务优化、生产保障能力提升、社会化资源协作 3 类主要解决方案。

1. 核心业务优化

在核心业务优化方面，围绕研发设计、生产制造、产品质量控制、运营管理等环节的过程优化，目前该类应用场景的案例主要集中在投入成本最高、产生价值最大的生产制造环节。一方面，这类业务与企业核心竞争力息息相关，企业生存和发展均需要对业务进行持续提升和优化；另一方面，企业对核心业务的数据持有更加保守谨慎的态度，这类数据通常很难向外共享。

2. 生产保障能力提升

生产保障能力提升是目前应用数量最多、范围最广的基础应用。调研发现，在设备制造商和服务商的推动下，约 70% 的企业已经开展了设备资产管理解决方案。此外，在政府绿色发展政策和社会责任要求不断提高的双重压力下，工业互联网解决方案能够更快、更有效、更精准地帮助企业实现能耗和安全管理水平的提升，目前已经逐渐形成专业化的服务群体。

3. 社会化资源协作

社会化资源协作是企业转型升级的创新模式，通过融合工业、金融、服务等领域，整合产业链、价值链资源，推动企业业务转型与商业模式创新。跨部门、跨企业、跨行业的数据汇聚和共享能够为工业发展带来新机遇，如通过消除传统金融和实体经济之间的信息壁垒，提高金融机构服务实体经济的能力和意愿。不过，由于社会化资源协作涉及多个主体，数据的归属权、利益分配、信息安全等问题尚未得到有效解决。本部分基于工业互联网的新业务、新模式、新业态仅在特定行业和领域出现，普及难度较大。

第六章

核心业务优化：推动制造业向高端迈进

一、概述

在核心业务优化方面的应用场景，主要通过打通 OT 数据和 IT 数据，围绕生产管理，实现以数据为驱动力的综合集成优化。目前，该类应用场景的案例主要集中在投入成本最高、产生价值最大的生产制造环节，通过对生产过程的数字化改造，实现更精细的管控，提升生产效率。此外，质量管理、研发设计优化是典型的应用切入点，这两个环节与产品品质的联系非常紧密，会对企业品牌化发展产生直接影响。一方面，企业通过提高研发设计效率，优化工艺来提升产品品质；另一方面，企业也会积极从生产过程、产品检测等方面对产品质量稳定性进行把控。

二、研发及工艺优化：难度大、复杂度高

工艺过程设计是连接产品设计与制造的桥梁，对产品质量、制造成本、生产周期等具有极为重要的影响，然而制造企业长期面临工艺研发难度大、工作量大、周期长、效率低，工艺设计严重依赖个人经验，工艺知识共享难，工艺人才培养慢等共性问题。

仿真技术能够显著提升工艺研发水平及研发效率、缩短研发周期，但仿真设计软件价格高、使用门槛高、受制于人，并且拥有仿真设计能力的专业人才稀缺，这些痛点问题严重制约着制造业的转型升级和快速发展。

解决痛点一：工艺设计改进难

制造企业由数字化与网络化向智能制造迈进的过程中，工艺设计与管理的掣肘问题逐渐凸显：

（1）工艺大纲与工艺规程等面向人员的说明性文件，与零件设计及制造数据相比结构化程度低、可计算性差，是严重阻碍实现智能化的"短板"。

（2）工艺设计依赖个人经验，质量参差不齐，个体差异导致工艺方法、论述方式、参数格式不规范，返工频繁。

（3）工艺标准与规范贯彻程度难保证，质量问题难追溯，是否按照标准执行不可控。

（4）新产品与新零件工艺设计周期长，经验与知识积累差，屡见重复"创新"与"攻关"。

沈阳格微软件有限责任公司打造格微人机协同工艺设计平台，利用机器学习、知识工程、知识管理与微服务等新一代信息化技术重构工艺设计与管理模式。

案例 6-1　航空制造领域人机协同工艺设计解决方案

📖 **解决方案做法**

研制人机协同工艺设计方法和工艺设计软件，能够在设计过程中获取当前工艺设计任务与工艺员的设计状态，适时推送典型工艺方法、工艺参数、工艺规范等知识信息。同时，对全部工艺数据进行结构化存储与管理，实现每个零件全工艺信息可追溯，精确掌控每道工序信息。其主要功能包括：工序内容语句的自动生成，工艺参数的自动查询与辅助填充，数据一致性的校验，工艺规范等资料的在线浏览与章节定位，工艺设计知识库构建与知识推送等。

📖 **取得成效**

解决方案实现了工艺设计全流程与全要素的管控，做到了全要素的可追溯、可分析与可计算，管控覆盖度 100%；工艺知识库构建解决方案降低应用单位人力及成本投入 75%；提高工艺设计效率 80%，提高工艺设计质量，降低返工率 70%。

📖 **商业推广模式**

解决方案以工艺设计软件销售及工艺知识库构建服务为商业模式。全套解决方案能够完全替代国外同类工艺设计软件，实现全流程全要素管控工艺设计过程与管理工艺数据，使整个设计过程更可靠、更高效、更精益、更经济。

📖 **落地应用情况**

解决方案已经在航空制造领域落地应用，在飞机重要研制生产企业及重点型号上应用实施，还能应用于航天、船舶、轨道交通、航空发动机、燃气轮机等复杂产品研制生产单位及相关领域。

💡 解决痛点二：新品研发周期长

我国是世界上最大的电机生产国和消费国，电机行业有巨大的市场空间，电机行业采用的电机仿真设计软件被国外公司垄断，存在价格高、使用门槛高、受制于人等问题。

国内电机行业的工业采购形式仍以基于样本选型和实物样机迭代匹配为主。传统采购流程从选型阶段的样本设计、实物样机制造，到实物装配与测试，再到系统评估，迭代周期长，时间成本、资金成本较高。通过数字样机和仿真技术能够快速迭代工业品设计、验证和系统评测过程，进而促进采购交易快速达成，大大缩短生产和交易周期，节约时间和成本。

杭州麦科斯韦网络科技有限公司是国内唯一的电磁场仿真软件供应商，为企业提供电机电磁场仿真服务。

案例 6-2　电机和电磁场仿真解决方案

📖 **解决方案做法**

基于云计算的电机和电磁场仿真及产业互联网平台（简称"电机港"），提供基于云计算的电机电磁场在线仿真功能和基于仿真技术和数字样机技术的产业链功能两大核心业务：

（1）仿真功能模块提供国内唯一具有完全自主知识产权的电机电磁场仿真软件，同时结合 SaaS 云服务的优势将每个电机企业都需要的设计仿真软件低价化、免费化、模板化、易用化。

（2）产业链功能模块以基于仿真验证的原材料和零部件工业品选型、基于数字化样机的电机产品采购模式为功能核心，解决电机企业设计和制造阶段基于实物试验进行原材料和零部件选型、销售阶段基于实物样机测试和匹配导致生产周期长、成本高的行业痛点问题。

📖 取得成效

电机港平台已有超过 8000 家企业或用户入驻，且入驻企业在不断增长，其中电机企业用户占比 50%，约 4000 家用户；通过网络化、平台化、低价化的 SaaS 服务，节约成本 90% 以上。

📖 商业推广模式

电机港平台应用于电机行业，集工业品选型、设计、仿真、产品交易、设计众包、网络营销、专业知识库、新闻、工程师社区、培训于一体，整合原材料供应商，电机、驱动等部件供应商，电动汽车、机器人、白色家电等系统厂商及设计机构、专业人士等上下游资源的新一代机电产业生态圈。平台本身收入途径多种多样，包括在线仿真收益、会费收益、广告收益、租赁设计收益、设计咨询服务收益、大数据服务收益、模型库收益、培训收益、电子商务收益等。

📖 **落地应用情况**

电机港平台自 2018 年 11 月正式上线以来，吸引了众多电机及上下游企业入驻，获得了市场的广泛认可。

💡 解决痛点三：工艺仿真门槛高

随着制造业数字化发展，仿真技术的应用与服务逐步由原来的一对一产品销售与服务模式向多对多的众包/众服务模式转化。

当前仿真技术应用成本和技术门槛仍然处于较高水平，工业仿真技术在中小企业应用和发展不足，制约了中小企业的发展速度和水平。

安世亚太科技股份有限公司将当前的工业仿真产品和工具进行云化，通过工业互联网平台提供相应的技术服务，促进仿真技术与应用的发展，推动构建仿真技术云生态。

案例 6-3　仿真云生态解决方案

📖 **解决方案做法**

仿真云生态利用云计算技术建立"使用付费，不使用不付费"模式，配置各种规格的远程桌面、存储、计算资源供用户使用，提供软硬件资源按需租用、仿真专家咨询外包服务、仿真 App 应用、在线学习与培训等，降低仿真软件的预算门槛，满足不同层次的需求。

（1）平台利用在线服务模式、云计算桌面共享技术，在不降低服务质量的前提下降低服务成本。

（2）将仿真技术、经验、知识和最佳实践的模型化、软件化、再封装，形成面向特定行业、特定场景的仿真App，有效实现知识的复用。

（3）构建仿真社区，仿真工程师可以交流、分享仿真经验，也可以将遇到的仿真问题向专家求助，获得专家支持。

📖 取得成效

解决方案提高研发效率20%以上，节省相关仿真工具、软硬件资源的采购及更新维护费用50%以上，已经开发仿真App 300余个，拥有500家App应用企业，仿真社区粉丝已达50000人以上。

📖 商业推广模式

解决方案采用以自主经营运作为主、合作运作为辅的方式进行。在提供基于仿真云生态的工业仿真技术服务的同时，积极与其他单位合作，使工业仿真成为其他工业互联网平台或计算中心能力的一部分，推动和促进仿真技术应用的提升和仿真云生态的市场拓展。

📖 落地应用情况

解决方案已经在我国重点工业园区及机车等行业落地，未来将进一步在具有产品设计能力的中小企业及高校、研究院所等应用落地，并面向大企业提供"公有云+私有云"的高端模式。

🔆 解决痛点四：工艺稳定度差

传统硫磷化工企业生产中面临一系列行业普遍存在且长期掣肘的问题，如磷酸萃取率较低，且存在较大波动。受到矿源、生产环境、设备工况、操作工艺水平等外部因素干扰，对磷矿石中 P_2O_5 的萃取存在很大的不确定性。一方面，最终磷石膏中的残磷高，相当于原料的直接浪费；另一方面，副产品磷石膏的品质降低，二次加工增加生产成本。

复合肥养分浪费。国家标准对不同类别的复合肥有养分含量的要求，但生产过程大部分时候依赖人工经验，造成大量养分的浪费，增加企业生产成本。

环保排放波动。复合肥生产过程存在氨气、粉尘等污染排放点，在环保升级的要求下，由于无法准确地对生产中污染物进行实时预测—定量判断，存在过度喷淋吸收和故障率超标的两难境地。

阿里云计算有限公司与安徽长江工业大数据科技股份公司携手，应用人工智能挖掘工艺机理，提高流程行业工艺稳定性。

案例6-4 化工行业磷酸萃取工艺数字化解决方案

📖 **解决方案做法**

解决方案基于阿里云工业大脑，构建基于公共云的大数据与人工智能应用，通过工业数据采集、分析、建模、实验，将现有生产工艺流程及环境数据进行关联、融合，以数据驱动生产环节参数调整的方式代替人工经验。

（1）将二水法磷酸萃取过程全面数字化，实现生产过程的数据化，扫除生产管理盲区。

（2）工艺稳定性优化，即在有效提升萃取率的同时将生产过程稳定下来，降低生产波动带来的经济损失。

（3）降低产品养分浪费，同时稳定排放。

📖 **取得成效**

（1）磷酸萃取率一期实现稳定提升0.23%、最大提升0.56%，项目二期提升1.2%，每年给企业带来直接经济效益超过600万元，节约磷矿石资源6000吨，减少磷石膏固废排放10000吨。

（2）降低产品养分浪费，稳定生产过程排放。直接节约养分成本超过500万元/年，环保材料损耗成本降低300万元/年。

📖 **商业推广模式**

通过数据驱动生产工业环节参数调整的方式，较好地解决了依赖人工经验的"历史顽疾"，达到提高磷酸萃取率、稳定养分和控制排放这一目的。该解决方案具有行业通用普适性，其核心功能在于使用阿里云工业大脑开放计算平台和通用算法引擎，可以覆盖具有同类别需求和生产模式的生产企业近100%的市场。

📖 **落地应用情况**

解决方案已在安徽六国化工股份有限公司落地应用。

💡 解决痛点五：关键工序误差率高

近年来，中国纺织业处于高速发展时期，但同时又受到用工难、能耗高、利润率低及设备老化等多方面因素的制约，面临招工越来越难、用工成本和企业成本逐年增加、工人文化层次偏低、设备类型多、工艺繁杂、能耗高、质量问题无法追溯、管理落后发展等难题。同时，纺织行业设备种类较多、情况错综复杂，目前绝大部分设备还不具备信息化的基本条件，改造难度大、时间长、费用高。

浙江康立自控科技有限公司在纺织行业控制系统深耕20年，针对性地对倍捻这一关键工序进行改造升级，实现了工艺模块化和云化管理。

案例6-5 纺织工艺模块化云管理解决方案

📖 **解决方案做法**

解决方案通过采用在线单锭连续检测、大数据处理和云计算等技术，在倍捻机中引入智能控制器和触摸屏，由单锭传感器、温湿度传感器、底层数据采集系统、数据处理系统、交互系统、局域网、数据库系统、智能小车、现场手持设备、现场显示屏、计算机管理系统、云服务、手机 App 等移动终端管理系统，应用局域网和无线网络技术，将工厂的生产设备组网连接。设备上的嵌入式系统采集工业数据，并将其发送到本地或云端服务器。智能终端可通过访问服务器上的数据库随时随地监控设备运行状况，掌握生产进度，通过各类数据的采集和分析，实现纺织工业的资源共享。

对纺织行业的数据进行行业统计，预计可以实现以下几方面的大数据应用：

（1）设备方面。查阅设备平均有效使用率，比较本厂设备的差距，以便改善提升。新购设备之前，也可以查阅比较不同设备之间的实际使用效果。

（2）工艺品质方面。建立类似 ISO 9001 的质量体系，用自动化数据采集，反映不同企业的质量管控水准，在寻找供应商时，将此数据作为有力参考。

（3）行业趋势方面。通过设备开机率、能耗分析，研判当前行业形势，以作为增产或转换产品的判断依据。

📖 **取得成效**

以达利丝绸（浙江）有限公司为例，针对性地对倍捻这一关键工序实现智能化生产和管理，帮助企业提升生产效率 10%、减少人工 60%、节省工资成本约 130 万元/年、降低能耗 20%，质量问题可追溯。

📖 **商业推广模式**

本纺织工业互联网平台将服务浙江省纺织中小企业，降低中小企业数字化改造成本，有效减少目前市场上各家公司分散研发造成的开发资源浪费。

📖 **落地应用情况**

解决方案已在达利丝绸（浙江）有限公司、新昌木兰纺织有限公司等纺织企业进行部署应用。

🔅 解决痛点六：复杂设备交付周期长

汽车零部件行业产品更新换代频繁，然而由于活塞、活塞销、摩擦副等发动机运动组件的生产工艺流程复杂、生产周期长，新产品开发速度难以得到显著提升。为解决这一问题，需要多措并举加强生产过程信息特别是工艺信息的流通，并在此基础上不断优化工艺流程、提高产品一次生产合格率、减少产品返工返修频次，以实现对市场需求的快速响应。

滨州渤海活塞有限公司（简称"渤海活塞"）利用工业互联网承接上游生产数据、产品基础数据、工艺过程数据，实现智能工艺全覆盖、产品追溯全覆盖、电子记录全覆盖，形成了生产计划指导、底层数据驱动的一体化智能制造过程。

案例 6-6　发动机组件智能设计解决方案

📖 **解决方案做法**

（1）智能产品设计/过程设计。依据客户产品性能个性化需求进行参数化驱动的 3D 模型设计，实现设计过程协同、模型分析优化、工艺数据调用、生产计划推送。

（2）产品制造过程智能管控。在数据高速传输和应用集成基础上，开展产品制造环节的实时数据采集、在线监测报警及质量追溯跟踪，智能计算设备综合效率和能源单耗、自动补偿加工参数，实现生产过程集中控制。

（3）智能物流管理。建立企业级自动化龙门仓库，通过配置和调度智能 AGV 小车实现工厂与工厂、工厂内部物料流转的智能运输。

📖 **取得成效**

（1）实现"一人一线、一线一屏、一物一码"，即一条生产线一个人操作，每条生产线配备一个屏幕终端接收产品生产信息，一个产品一个二维码实现全过程追溯。

（2）公司综合运营成本降低 20% 以上，产品设计周期缩短 20% 左右，产品不良品率降低 20%，能源利用率提高 15% 以上。

📖 **商业推广模式**

渤海活塞在活塞行业处于领先地位，在同行业之中具有示范作用，其他活塞制造企业或类似的汽车零部件生产企业如果具有相同的制造流程，可以在一定程度上进行解决方案复制；另外，本解决方案在工艺方面的理念也可以扩展至整个机械制造行业。

> 📖 **落地应用情况**
>
> 除渤海活塞以外，在滨州博海精工机械有限公司、淄博渤海活塞有限责任公司也成功实现应用。

三、生产过程优化：企业关注的核心环节

生产过程优化解决方案作为工业互联网最典型的应用场景之一，它通过更大范围的数据采集、更快速的传输处理、更精准的建模分析、更实时的共享应用，打通了 IT 与 OT 之间的鸿沟，不仅能够实现对企业设备、生产线、车间、工厂、企业等贯穿企业不同层面的纵向集成，还能实现对设计、采购、物流、销售等不同部门系统的横向贯通，用客观的、科学的数据分析代替以前依赖人工、经验的决策方式，为企业生产经营决策提供更快速、精准的数据支持，正在推动工业企业生产方式和组织管理模式变革。

市场竞争性较强、自动化基础较好、上下游协同程度较高的行业已经率先基于工业互联网构建数字化生产，如机械、电子、能源、交通设备制造等行业。此外，食品、纺织、建材等行业企业也结合自身发展需求，基于平台探索应用生产过程优化解决方案。

从应用需求角度看，生产过程优化解决方案针对性地解决了制造企业面临的共性问题。其中，设备连接率较低、数据采集率较低、数据分析利用度低、信息孤岛等问题是应用企业在实施解决方案前面临的主要问题。其次，传统信息化解决方案实施成本高、架构复杂、拓展困难、兼容性差，普遍存在盲目建设等现象，也是部分企业应用工业互联网生产过程优化解决方案的重要切入点。

💡 解决痛点一：关键环节管控水平低

电连接器行业发展潜力巨大，但是我国电连接器行业起步较晚，全球主要市场仍被国际龙头企业盘踞。国内厂商亟须在生产技术、产品性能、量产品质、标准管理、配套协同等方面进行突破。

电子元器件企业在智能化转型升级过程中常遇到以下 3 类问题：一是企业间研发协作缺乏有效途径，面临无统一平台架构的设计工艺系统支撑、协同研发周期长等问题；二是缺乏有效的计划管理手段，存在资源调度不合理、资源利用率低、外协外购协作效率低等问题；三是设备、质量、生产、运营等数据的分析利用程度较低，无法为企业提供决策支撑。

航天云网科技发展有限责任公司（简称"航天云网"）依托中国航天科工集团有限公司的科技创新能力与制造知识沉淀，为电子元器件行业提供关键环节优化服务。

案例 6-7 基于 INDICS+CMSS 的智能工厂解决方案

📖 **解决方案做法**

解决方案总体技术架构以业务需求和集成协作为牵引，同时考虑智能工厂整体安全，构建基于云平台的智能工厂数字化模型。

（1）感知控制层。通过 RFID 传感器、条码等实现设备和生产信息的感知接入。通过数据采集与监视控制系统（SCADA）等软件实现对工业现场的数据采集、人机交互，提供生产过程实时监测、分析及优化控制服务。

（2）工厂执行管理层。通过制造执行系统、仓库管理系统、物流调度系统等，实现对生产现场的精准控制和工况的实时监测及数据分析优化，实现营销、设计、制造、服务资源的组织规划，并与现场系统同步实时数据。

（3）IIoT 层。通过边缘计算等技术实现数据接入云平台，通过云平台的 IaaS 层进行数据存储管理，通过 PaaS 层的算法模型及 API 组件等技术，进行数据分析并传输至应用层。

（4）工业云平台应用层。主要采用"云端业务工作室""云端应用工作室"的业务界面为用户提供服务。

📖 **取得成效**

电子元器件行业企业生产周期缩短 60% 以上，用工人数减少 80% 以上，产能提高 4 倍左右，质量合格率提升 20% 以上；汽车模具行业企业实现加工柔性化，提高加工效率 50% 以上，单台设备减人 2 人次以上，企业综合管理成本降低 30% 以上；电子制造行业企业计划达成率提升到 6% 以上，减少仓库、计划人员人力成本 12 万元/月以上，成本降低百余万元/年以上。

📖 **商业推广模式**

解决方案适用于离散型制造行业，特别是针对具有多生产基地的集团型制造企业，适合"多品种、小批量、定制化"并且以订单驱动的精益、柔性生产新模式，提高企业业务链、产业链协同效率，优化运营决策，提高企业竞争力。

📖 **落地应用情况**

解决方案已经在贵州航天电器部署实施，实现了 J599 系列多达十余万种型谱的柔性混线自动化生产。

💡 解决痛点二：生产过程数据管控难

基础材料行业具有用量大、能耗高、污染重的特点，能源成本在生产成本中占比可达 10%～30%。此外，多数工业企业生产过程不透明、生产数据沉淀难、生产异常追溯难、备件仓库库存数据不准确、设备停机记录数据缺失，使得管理决策缺乏依据，无法高效实施管理和生产安排。

广州博依特智能信息科技有限公司聚焦基础材料行业，如何将基础材料行业生产运营规律进行提炼，并将之推广到更多流程行业中呢？

案例 6-8　基础材料行业生产运营数字化解决方案

📖 **解决方案做法**

解决方案依托的"博依特生产数据化运营平台"（POI-CLOUD）具有自主核心专利技术，侧重对设备、能耗及生产过程的数据分析，采用云端部署，聚焦造纸、陶瓷、水泥等基础材料制造企业生产过程的数据管控与过程优化。

（1）要素数字化。基于基础材料行业业务流程，以生产管理过程中的 6 个要素（人、机、法、料、环、测）为管理对象，以 6 个要素在生产过程中形成的生产数据为核心，建立企业生产数字化运营平台。

（2）生产数字化。采用过程建模优化技术，实现企业设备、库存、质量、能源、生产追溯及数字化运营，达到企业提高劳动效率、设备利用效率、产品质量，以及节能降耗的目的。

（3）生产决策优化。通过数据化运营平台解决管理层与生产执行过程数据的断层问题，为企业运营等提供数据支撑并为决策部门提供参考依据。

📖 **取得成效**

系统实施 6 个月到 1 年内，企业生产效率提高 3%～15%，综合能耗降低 5%～10%，设备维护和服务成本降低 3%～6%，计划外故障停机减少 2%～5%，同时可有效帮助企业减少污染物排放。

📖 **商业推广模式**

解决方案采取"产品+解决方案+服务"的商业发展模式，向制造业企业提供 SaaS 产品和工业大数据应用服务，通过向客户收取软件服务费、项目实施费、技术支持费等费用。

📖 **落地应用情况**

解决方案已推广应用于超过 100 家工业企业，如维达纸业（中国）、中国南玻集团、海信（广东）空调等企业。

解决痛点三：通用设备利用能力不足

我国制造业规模已居于世界第一，但在以小企业居多的机械加工行业，仍存在设备管控水平低、工业知识沉淀不足、产品质量/能耗/安全方面粗放管理等问题。

智能云科信息科技有限公司基于多年机床领域深耕经验，为使用机床的小型企业提供"智能终端+工业互联+云服务"模式服务，帮助企业解决发展瓶颈和痛点，推动行业智能化转型升级。

案例 6-9　机械加工行业解决方案

📖 **解决方案做法**

解决方案围绕小型企业智能化改造，生产运营提质、降本、增效等需求，面向用户企业业务设计部署工业互联和数据采集方案，为企业提供业务上云、设备管理、生产工艺和质量管控、提速增效、刀具监控、工业 App 开发平台等创新应用服务。

解决方案针对粗加工或半精加工等不同行业需求，通过智能增效 App 提高加工效率；通过应用 iSESOL WIS 工厂数字化运营管理系统实时监控生产状态、管理生产计划，有效提高交付准确率，实现精益生产节拍管理；通过设备全生命周期管理应用，提升对设备的远程运维能力。

📖 **取得成效**

解决方案使加工效率提升 10%以上，使交货答复准确率由 65%提升到 90%。

📖 **商业推广模式**

解决方案面向铸造、模具加工、铝雕、汽车零部件制造等行业推广复制。

📖 **落地应用情况**

解决方案已在上海汇众汽车制造有限公司、广东威铝铝业股份有限公司、沈阳机床（东莞）智能装备有限公司落地应用。

💡 解决痛点四：劳动密集生产数字化管理难

在建筑行业中，对于施工企业而言，传统的信息化产品在应用过程中无法实现数据互通，导致了管理过程中的信息孤岛，以及业务和信息的脱节，这种碎片化管理增加了施工企业管理难度，降低了管理效率。

广联达科技股份有限公司是中国建设工程信息化领域数字建筑平台服务商，提供产业大数据、产业新金融等增值服务。数字建筑项目集成管理解决方案具备统一的数据模型、产品接口、业务系统标准，同时通过将业务提炼成公共组件，并对组件产生的公共数据进行统一管理调用，打破了原有的业务和数据壁垒，最终实现业务和信息互通，解决了传统模式下的信息孤岛难题。

案例 6-10 数字建筑项目集成管理解决方案

📖 **解决方案做法**

解决方案构建统一的数据模型、产品接口、业务系统标准，同时通过将业务提炼成公共组件，并对组件产生的公共数据进行统一管理调用，打破了原有的业务和数据壁垒，最终实现业务和信息互通，解决了传统模式下的信息孤岛难题。

解决方案依托 BIM、边云协同计算、大数据、人工智能、物联网等技术，提供 BIM 模型转换接入、硬件设备控制、工地图像分析、业务系统集成和数据共享等多项服务。例如，IFC 解析引擎及 BIM 数据交换标准 IGMS，可支持 BIM 数据在平台多应用系统之间对接；筑联物联网组件可以支持上百个品类设备的接入、控制，并提供技术开发框架，内嵌入平台可支持产品端快速接入 IoT 能力；在图像识别领域，公司已开发一定规模的 AI 算法，应用范围覆盖平台涉及的劳务考勤、安全隐患识别、物资盘点等多个应用场景，并已开始如下产品化。

一是作业数字化，实现全面实时感知；二是管理系统化，将作业在线数据按照不同的管理维度（如进度管理、安全管理、质量管理）抽提给项目部的各级管理层，实现统一数据标准，达成业务动态协同；三是决策智慧化，筛选出有效数据后供项目负责人制定战略规划，合理高效决策，并及时预警风险。

📖 取得成效

解决方案成功赋能工程建设行业上下游客户，即通过与合作伙伴共享三大数字化技术实现技术赋能，助力合作伙伴规模化推广实现营销赋能，通过新金融+产业创投基金实现资金赋能。

📖 商业推广模式

解决方案采用"大中台+小前台"的产品模式，可帮助施工企业实现多业务协同和多系统数据互通，并能有效积累数据资产，协助客户提升决策能力，有效解决施工企业当前最紧迫的信息化难题，拥有广阔的市场前景。

> 📖 **落地应用情况**
>
> 解决方案已应用在国内多家特级资质和一级资质企业，如中国建筑、中国中冶、中国核电等。

💡 解决痛点五：低端生产向高端转型难

中国是全球第二的包装产业大国，2017年中国包装产业总产值已达 1.9 万亿元，市场需求旺盛。随着对国际市场的不断开拓，与国际先进厂商相比，我国高端包装装备在质量标准、制造能力、工艺技术方面还存在一定差距，急需在设计、工艺、制造、品质、物流、服务方面进行升级改造，提升我国高端包装装备在国际市场上的核心竞争力。此外，随着互联网经济的发展，个性化定制及短单市场份额提升迅速，包装功能升级，承载更多信息的智能包装需求已经凸显，包装产业的供给侧改革刻不容缓。

天津荣彩科技有限公司聚焦模切机、烫金机、糊盒机、凹印机等设备，为客户建设 C2M 的柔性生产解决方案。

案例 6-11　高端包装装备柔性生产解决方案

> 📖 **解决方案做法**
>
> 智能钣金生产线由 ERP、MES、Boost（编程管理软件），以及自动化立体仓库、智能激光切割机、智能数控冲床、智能自动化折

弯中心进行系统间的信息集成，应用工业机器人、自动物料配送、智能视觉识别、力学和光学传感器等，实现钣金零件的无人化和智能化生产。通过 ERP 系统对生产订单进行处理后，将信息传输到 MES 中进行零件订单排产，由编程人员采用 Boost 编程管理软件，将订单零件的图样进行下料和折弯的程序编制，并随生产订单程序和作业指导书调入智能钣金生产线。信息传送全部通过工业互联网现场网络传送完成。

📖 取得成效

解决方案提高设备利用率和加工效率，提高生产效率 20%，以产值 6 亿元为例，约提高产值 7.2 亿元。

解决方案实现产品升级周期缩短 30%，提前将市场急需产品推向市场，赚取新产品溢价利润 30%，以每年新产品销售额 4 亿元为例，约增加利润 3600 万元。

解决方案实现降低产品不良率 20%，减少浪费，节约资源。以目前的不良品率 10%、产值 6 亿元计算，约节约 1200 万元。

解决方案实现运营成本降低 20%，降低人力成本、制造费用、能源支出、售后服务成本和研发成本，约节约运营费用 1000 万元。

📖 商业推广模式

解决方案先在长荣集团的高端包装装备上试点应用，同时在印包行业推广，并建立和完善包装装备及相近行业智能工厂建设的技术标准和规范。

📖 **落地应用情况**

解决方案已在天津长荣科技集团股份有限公司、天津长荣云印刷科技有限公司落地应用。

🔆 解决痛点六：多品种生产柔性低

近年来，随着国民经济的高速发展，工业产品的品种和数量不断增加，更新换代不断加快，在现代制造业中，企业的生产逐渐向多品种、小批量、多样式的方向发展。在这种生产方式下，产品生产规模小、品种多，造成生产过程中的物流、信息流复杂，控制较为困难；生产计划和作业计划实现率也很低，生产技术准备工作容易仓促，均衡生产难以实现，在制品占用量大。这些都容易造成产品不能按期交货，质量得不到保证，经济效益也不高。企业需面对多品种、小批量、多样式的生产方式带来的诸多问题，这也是当今社会主流生产方式的困境。

博众精工科技股份有限公司基于自动化、信息化领域多年经验，打造 TSAMO 工业平台，提供软硬件结合的一站式柔性生产解决方案。

案例 6-12　高集成一站式柔性生产解决方案

📖 解决方案做法

解决方案依托自主研发的智慧生产管理信息系统与自动仓储、智慧物流、柔性生产线、自动化单机、核心零部件、计算机整合制造、智慧机器人、智能运输小车等八大硬件体系模块化组合，建立从咨询、诊断、规划、自动化设计、信息化升级到系统集成的服务能力，形成定制化、专业化、系统化、集成化的数字化工厂整体解决方案。从设备与设备集成、设备与系统集成到系统与系统集成，形成全流程管控环境下的客户下单到物流交付的生产运营闭环，支撑规模制造转向快速响应制造、大批量生产转向定制化生产的新型服务型制造模式转变。

📖 取得成效

（1）生产效率提升15%以上，库存周转周期缩短30%以上，设备稼动率提升25%以上，产品过程可追溯。

（2）品质方面，产品不良率下降15%以上，售后不良率降低10%以上。

（3）成本降低20%以上，直接缩减人力10%以上。

（4）全价值链整合提升品牌价值，同时迭代产品研发、传承历史文化，支撑实现永续经营。

📖 商业推广模式

以掘进、集成工业互联网平台和制造装备为核心，协助上游供应商集成开发新型关键零部件，向客户提供智能制造工艺设计、专用夹具治具开发、关键零部件需求柔性组合、智能车间布局、建设"一站式解决方案"服务，推动自身价值链高端攀升，增加企业利润增长点。

📖 **落地应用情况**

解决方案已应用于家电行业的全国首个空调数字化工厂项目，以及日化行业的全国首个日化行业数字化工厂项目（化妆品精密包装数字化工厂）。

🔆 解决痛点七：碎片化需求响应水平低

用户需求日益动态化、个性化、碎片化，这对企业的柔性化生产、细化管控提出了更高要求。传统架构下的 MES 存在与日益复杂的实际应用需求脱节、行业应用局限、实施成本过高、基础架构与新技术新模式冲突等突出问题，已难以适应制造业数字化、网络化、智能化的发展趋势，迫切需要升级换代。

广东盘古信息科技股份有限公司（简称"盘古信息"）以电子制造行业 MES 服务商为起点，为各类型企业提供定制化、低成本的生产制造运营管理解决方案。

案例 6-13　基于 CPS 的电子行业生产运营管理解决方案

📖 **解决方案做法**

解决方案以行业积累为核心，支持企业打造全过程高效、精细、协同的生产制造运营新体系。通过系统对接平台（System to System）、设备对接平台（Machine to Machine），助力企业实现制造运营管理系统数据、生产数据、质量数据、人员数据和效率数据等生产制造全要素、全过程数据的全面贯通。依托盘古信息长期积累的大量工业知识、管理经验和决策模型，助力构建以物料供应、仓库管理、计划制订、制造执行、质量管理、人员管理和企业资产管理等为核心的生产制造模型体系，助力建设精准管控的生产制造全过程执行体系。

解决方案以大数据创新应用为牵引，支持企业生产制造全过程持续优化。盘古信息通过对人员、设备、物料和产品质量等多维数据的抽取、清洗、转换和分析，挖掘隐藏的数据逻辑，支持企业经验沉淀、科学决策及动态优化，包括人力资源管理优化、设备运维管理、物料资源优化、产品质量优化等。

解决方案将以大产品整体化开发为主的传统模式变革为以解耦和耦合为核心的积木式开发模式，基于微服务架构，支持各类企业快速获取定制化解决方案，支持多租户、多组织、多版本、云化、订阅式授权的 SaaS 化应用，逐步完善个性化的定制能力及跨行业的产品衍生能力。

📖 **取得成效**

解决方案通过 JIT 拉动式供料和智能转产应用，实现换线时间从 30 分钟缩短到 10 分钟，提高生产综合效率 13%，全年新创产值近亿元。一期仓库及生产线降低 80 人，直接人员精简 28%，人工成本节省 640 万元/年。降低自购料库存 30%，减少在制品成本（WIP）近 6000 万元。

📖 **商业推广模式**

解决方案将服务大型企业过程中积累的行业机理模型、项目管理经验、数字化管理方法等进行快速复制推广，积极服务中小微企业。盘古信息积极向流程型制造、混合型制造等领域延伸，已在线束线缆、精密五金加工、注塑、电子元器件制造行业实现大量应用。

📖 **落地应用情况**

解决方案在东莞新技电子、泰衡诺等企业进行了全面推广应用，帮助 Delphi、Epson、上声、海兴电力和智慧海派等跨国企业在巴西、墨西哥、印度等完成海外集团化数字工厂建设。

四、产品质量优化：提升品质的重要方法

在竞争日益激烈的市场环境下，中国制造的崛起必然建立在优良的产品品质基础之上。产品质量受工艺、设备状态和生产环境等诸多因素影响，质量检测是保证出厂产品质量的一个关键环

节，可有效指导企业优化生产工艺、降低废品率、减少质量成本、提高生产效率，但目前检测成本高、效率低，检测准确率有待提升，以及全流程质量管控手段缺乏等已成为企业亟待解决的重要问题。

💡 解决痛点一：产品质量检测水平低

我国照明电器行业的特点是企业数量众多，单体规模偏小，民营成分为主，产业集中度不高，数字化程度低下，且由于质量标准的缺失及成本压力，产品质量参差不齐，出口产品时常召回，并且许多大牌企业多采用代工方式，产品同质化现象严重，在此背景下亟须提升照明行业质量信息化建设，以及质量控制的数字化、网络化和智能化水平。

宁波和利时智能科技有限公司打造 LED 照明产品质量检测分析工业互联网平台，建立行业质量标准体系，提升产品质量管控水平。

案例 6-14　基于解耦架构的照明电器质量检测分析解决方案

📖 **解决方案做法**

解决方案面向照明行业产品质量全生命周期业务应用场景，汇集质量检测机理模型、质量故障诊断机理模型、质量控制机理模型、质量优化机理模型、设备运维机理模型、质量体系管控模型6类工业机理模型和微服务组件，以及设计验证、来料检验、制程管控、成品检验、服务运维、全供应链协同、能耗管理、设备管理等典型照明行业工业App和应用解决方案。

📖 **取得成效**

解决方案借助半导体照明质量检测分析工业互联网平台，提高各环节质量管控能力，提升品质达标率，降低因质量带来的隐形成本。

📖 **商业推广模式**

解决方案通过工业互联网平台的打造，形成以质量管控为核心的"双创"生态，为照明行业，特别是为中小型制造企业提供数字化赋能，协助他们开展产品质量检测。一是提供面向半导体照明行业的工业互联网App开发工具和测试用例开发工具；二是建立工业互联网平台运行环境和测试环境；三是孵化出一批行业首创的工业App及微服务。

同时也有助于构建以质量为纽带的供应链体系，实现照明产业链上下游、跨区域的质量数据与质量信息的互联互通，促进行业质量信息的共享与可追溯。一方面实现对供应商的质量监测；另一方面更精准地响应下游经销商、消费者多样化的需求，更好地服务消费者，拓展产品应用市场。

📖 **落地应用情况**

照明生产制造设备已连接1152台（套），分布在江西鹰潭、浙江绍兴、安徽六安、厦门4个工业园区。

解决痛点二：人工操作失误率高

随着显示技术的进步，超高清视频产业快速增长，显示器的分辨率已经从 HD（1280×780）提高到 4K、8K，显示器尺寸的增加、客户对更高质量图像的需求及激烈的市场竞争等都要求制造商加强对液晶面板缺陷的检测，以保证产品质量。目前，液晶面板缺陷检测和电视整机功能检测存在以下痛点问题：产品的微小缺陷，人工不易察觉；人眼感知有差异，检测标准不一致；人工检测时人眼易疲劳，检测效率低；整机功能无法自动检测；无法进行实时统计、反馈和追溯检测数据。

研祥智能科技股份有限公司（简称"研祥智能"）致力于提供软硬件结合的解决方案，针对液晶面板质量问题，提供全套机器视觉检测解决方案。

案例 6-15　基于机器视觉的液晶面板智能检测解决方案

📖 **解决方案做法**

解决方案面向液晶面板智能化检测需求，以高性能视觉检测计算为基础，基于开放架构的组态技术、微小缺陷的智能视觉检测技术及运维平台技术，开发出集光、电、自动化于一体的视觉检测系统，建立了多种类、多功能的自动化检测、缺陷分析体系，具体功能包括：像素级缺陷检测，建立微小缺陷分析体系；建立测试标准，自动判定测试结果，检测过程全自动化和智能化；检测数据的实时跟踪和反馈，建立溯源体系，系统与 MES、ERP 连通，实现合理调度与维护；通过平台聚集终端分散数据，并通过大数据分析为液晶面板制造商提供辅助决策。

📖 **取得成效**

（1）研祥智能机器视觉检测系统累计检测整机 20 余万台，检测准确率大于 99%，液晶面板和电视整机良品率提升 1%。

（2）节省检测人力成本，每条检测线可节省 4~6 名检测人员。

（3）生产线的模组检测和整机检测完全实现自动化、智能化，检测效率提高 200%以上。

📖 **商业推广模式**

解决方案能够推广到其他涉及外观检测、计算机接口和通信接口功能检测、其他功能检测（如柔性屏、曲面屏、8K 高清显示、LED 检测、磁瓦表面缺陷检测、字符智能识别、模具检测、PCB 检测等），以及各种不规则物体表面检测等领域。在磁瓦检测方面，已经与德昌电机、东磁等公司建立了合作伙伴关系。

📖 **落地应用情况**

解决方案已在京东方、创维实现了应用示范，并在长虹、得润电子、苏州乐轩、惠科、高创实现了应用推广。

💡 解决痛点三：生产过程影响产品质量

钢铁生产流程具有多工序、全连续的特点，产品质量遗传耦合特征显著，需要多种工序、多个部门协同。传统的质量管控为"事后"抽检模式，难以实现全过程质量追踪监控和全局优化，敏捷性低、协同性差，迫切需要利用现代信息技术，尤其是智能信息处理、大数据技术等加强企业产品质量管控和分析技术的研究开发，以提升产品质量。

北京科技大学基于大数据技术优势，提供全流程多工序协同、产品一贯制质量在线监控和离线分析的工业互联网解决方案。

案例 6-16　钢铁全流程质量大数据集成应用解决方案

📖 **解决方案做法**

解决方案采集关键工艺设备数据，实现全流程物质流、信息流时空精准匹配；建立数据基因链，实现全流程产品质量的溯源分析和质量优化，对物料上下游工艺数据、设备数据进行追踪；基于工艺规则和数据建模，通过大数据分析技术，实现全流程产品质量预警、在线分析、离线分析、在线综合评判与诊断；基于人工智能、感知技术，实现全流程多工序产品检测数据集成、数据互联互通。

📖 **取得成效**

解决方案通过工序协同优化、横纵向集成，实现全工艺链条产品质量提升。预计综合年创效 3000 余万元，可降低冷轧成品现货

10%，提高产品成材率 0.5%，可减少冷轧生产过程断带事故 3 次/月，数据采集率、利用率达到 80%以上。

📖 **商业推广模式**

解决方案涉及钢铁行业核心的制造过程，生产线多、自动化控制系统范围广、复杂程度高，属于典型的钢铁制造业多源、异构工业数据集成应用。并且解决方案不仅适用于钢铁行业，也可用于冶金行业（铝、铜等加工行业），对于流程行业的工业互联网平台建设同样具有重要的示范意义，具有较好的推广价值。

📖 **落地应用情况**

解决方案已在鞍钢股份有限公司炼钢总厂、热轧厂、冷轧厂和硅钢厂，以及鞍钢股份有限公司鲅鱼圈分公司 5500 厚板线落地应用。

五、运营管理优化：数据辅助决策

随着消费互联网的兴起，销售运营部门作为连接制造企业内外的关键点，成为制造业应用 IT 技术最超前、模式最成熟的环节。一方面，运营环节能够汇聚消费数据，并将之反馈到研发设计、生产制造等企业内部环节中，从而做出响应和改善；另一方面，研发设计、生产制造等内部数据也向运营端传递，使得内外数据协同联动。

工业互联网汇聚各方数据，为运营管理部门提供了数据辅助，从而实现运营规划改良和管理决策优化。

解决痛点一：多源分散数据管理决策难

新能源是可持续发展的重要保障，储能建设和运营企业对新能源有着极大的依赖，但目前风能等清洁能源受环境影响，功率不稳定，大量风能、光能发电被浪费。因此，需要对储能设备进行统一管理和分析，合理布局能源设施配置和管控功能，提高能源利用率并降低成本。新能源企业在发展中遇到如下挑战：储能设备占地面积大，地理偏远，难以进行集中化和精细化管理；设备种类多，维保成为运营的重要难题；由于地理原因，设备故障率高、维修效率低，严重影响了储能效率。

中天互联科技有限公司深耕新能源领域，它是如何为新能源电站储能策略提供数据辅助的呢？

案例6-17　新能源电站的储能决策优化解决方案

> 📖 **解决方案做法**
>
> （1）设备智能物联：平台提供生产等设备的接入功能，提供300多种设备的协议转换和边缘数据预处理。
>
> （2）生产智能管控：平台提供制造业生产过程管理优化功能。

（3）大数据管理决策：平台提供制造行业管理决策优化功能，包括智能诊断等功能。

（4）协同制造：平台提供产业链上下游、企业内部的协同制造及基于供应链的协同制造。

（5）产能共享：整合大中小企业及相关行业资源，实现生产设备使用共享、生产资源开放共享、分散产能整合共享等功能。

📖 取得成效

解决方案提升储能设备的能源转换效率6%和使用率4%；显著提升故障解决能力和设备的寿命，降低企业设备成本2%，提高企业的经济效益。

📖 商业推广模式

解决方案主要应用于新能源行业，包括光伏建设和运营企业、充电桩建设运营企业等。

面向中小企业，可提供数据采集设备和设备接入统一平台服务，实现企业信息化的低成本及快速部署。

面向大企业，针对接入平台的大企业，可提供定制化服务，在基础信息化服务完善的基础上，提供的行业机理算法和模型具有高级别的大数据分析、预警预测功能，帮助实现制造企业运营的管理决策优化。

📖 落地应用情况

解决方案帮助中天光伏技术有限公司提高企业电能管控能力8%，降低成本6%。

中天昱品科技有限公司实现对其光伏电站的远程精细化管控，提升管理效率 8%，降低运维成本 2%，各地新能源充电桩在充放电效率上提高了 3%，提升客户体验度，增加直接经济效益 2%。

🔆 解决痛点二：大宗货物运销成本高

随着煤炭行业的发展，市场竞争日益激烈，煤炭运销各环节中存在的问题也日益凸显：各煤炭销售监管区域缺少统一的煤炭运销管理系统，信息化建设参差不齐；多数基层煤矿过磅流程复杂且存在漏洞，缺少有效的管理手段；部分基层煤矿现场管理混乱，拉煤车辆插队现象严重；部分煤业公司煤炭价格执行不透明，合同管理不严密，回款结算周期长；铁路销售信息化统计难；公路运输车辆缺乏信息来源，空跑现象严重，企业运营资金和劳动力成本居高不下。

内蒙古煤易通科技有限公司（简称"煤易通"）拆解煤炭行业痛点，将物流与销售环节结合，实现交易、流通等跨企业内外的可跟踪、可追溯。

案例 6-18 煤炭行业智慧运销解决方案

📖 **解决方案做法**

解决方案结合无人值守自助设备将煤炭行业的产、运、销有机结合起来，实时采集销售数据、实时卡控销售金额、实时更新销售数据，通过具有特殊加密算法的二维码提煤单，实时跟踪矿内车辆情况，实现对矿内待过空车辆、待装车车辆、待过重车辆和待出矿车辆的实时掌控，提升过磅效率，避免由于销售过磅导致效率低下造成的矿内车辆拥堵。依据煤炭销售出具的数量，实时更新客户煤款，对余额不足的客户，系统提前预警，卡控提煤单的派发数量，避免造成资金损失，自动设定新煤价的生效执行时间，实时查看每份合同每笔订单的执行情况。

📖 取得成效

（1）缩短煤炭交易和流通周期，提高煤炭产业链的效率和效益。这既有利于政府宏观调控，对于保障能源安全和能源市场体系完整具有促进作用，又对内蒙古自治区经济社会发展、产业结构优化、产业素质提升、增收渠道拓展有极大的促进作用。

（2）实现鄂尔多斯市地区煤炭销售数据的完整采集，建立票据信息的全程可追溯体系，实现对煤炭企业和在途运输车辆的统一管理、统一调度、统一通关。

（3）实现矿内销售全程可跟踪、可追溯，建设智能化无人值守磅房，严防跑冒滴漏现象的发生，提升煤炭企业销售效率。

📖 商业推广模式

解决方案对内蒙古自治区的产业结构调整、工业转型发展起到促进作用，符合内蒙古自治区的相关产业发展政策，可广泛应用于煤炭、金融、运输、港口等多个行业，促进煤炭交易产业化、模式化发展，拉动产业由低端向高端的产业跨越。

📖 **落地应用情况**

目前已有40多家煤炭生产销售企业使用煤易通无人值守煤炭运销管理系统，其中包括中国华能、开滦集团、永煤煤业等大型煤炭企业；同时煤易通已与鄂尔多斯市能源局建设煤炭销售综合监管平台，全市有 9 个旗区的能源局及 300 多家煤炭企业使用煤易通产品。

💡 解决痛点三：内外部资源协同差

作为建筑业的配套产业，混凝土行业普遍存在生产车间分散、集中化程度低、受上下游挤压的特点，呈现出产业链协同性差、制造模式落后、低资源利用率、低产品附加值的特征。在当前产能过剩、经济增速放缓、资金流动性不足的环境下，传统混凝土企业以资本推动规模快速增长的方式已无法再被复制；甚至随着环保政策的日趋严格，老龄化现象的加剧，上下游中小企业已经面临生存危机。

重庆建工集团依托 30 年深耕建材行业的积淀，聚焦预拌混凝土行业发展的共性问题，以销售决策优化为切入点，实现企业服务化转型，推动产业链资源协同。

案例 6-19　混凝土全产业链资源协同解决方案

📖 **解决方案做法**

解决方案以平台为载体，提供产业链信息、资源快速互通；物流资源快速匹配；网络化、分布式智能制造；全业务流程电子化等产业链资源协同服务解决方案，为混凝土行业探索了一条线下与线上相结合、制造与服务相结合的产业链资源协同的创新发展模式，助推建材行业的转型升级。

📖 **取得成效**

截至目前，解决方案已覆盖原材料供应商 884 家，可集采物资 9500 余种，覆盖建材行业所需材料的 80%，交易总额 19 亿元/月；入驻第三方物流公司近 100 家，交易金额超过 1.5 亿元，实现预拌混凝土运输泵送效率提升 18%、车辆空载率降低 10%、生产运营人力成本减少 22%、运输泵送成本降低 28%；汇集客户 2714 家，完成订单 11 万笔，实现交易额 22 亿元，为 800 多个工程提供优质混凝土产品。

📖 **商业推广模式**

解决方案面向预拌混凝土企业、原材料供应商、物流服务企业、政府、金融配套企业，在涉及水泥、砂石、钢铁、混凝土、外加剂、货物运输等行业均可推广应用。加之我国建材产业正处于结构调整、转型升级的关键时期，建材产业未来必将向智能化、绿色化、融合化趋势发展，大型建材企业集成的智能化建设将持续深入。解决方案以推动建材产业转型升级为目标，符合国家经济转型升级的要求，政策上可推广。

📖 **落地应用情况**

解决方案已在重庆建工集团产业链上下游企业落地应用。

第七章

生产保障能力提升：最大限度地减少损失

一、概述

对大部分工业企业来说，保证设备或产品的正常运行是生产制造的前提，对生产运行状态数据进行监测能够及时、准确地发现问题并解决，从而有效降低因设备损坏带来的维护成本和因停机带来的生产成本，这使其成为工业企业应用中最明确、最典型的需求。设备状态监测基于数据采集，除本身数字化水平较高的设备之外，通常采取加装传感器的方法，技术实现较为简易，因此，这也是当前非工业企业跨界创新的最佳切入点之一。此外，设备和产品是工业互联网的原始数据来源，业务和运营优化、业务转型和新模式等其他应用的分析和挖掘都需要基于原始数据，从而实现更深入、更广泛的应用。

基于生产设备数据对生产过程的能耗损失进行优化，同样是当前工业互联网典型应用之一。企业外部绿色发展政策、节能减排规定等压力不断增加，企业内部耗能成本居高不下，在能耗优化需求迫切的推动下，目前市场中已经形成了能源管理的专业服务群体，在帮助企业减少生产过程中的能耗损失、降低日常业务中的能源成本方面，为高能耗企业带来了丰厚的绩效。

　　企业生产安全不仅关系到企业自身的利润收益，还关系到企业社会责任、生态环境治理及人员生命安全等。政府对安全问题的管控力度不断增加，对企业安全生产的要求不断加码，工业企业的安全生产水平提升直接关系到企业生死存亡。工业互联网解决方案能够为企业提供更精细的人员管控、更智能的设备管理、更具时效性的信息传递，促进企业安全管理能力的不断提升。

二、设备资产管理：工业数据的主要来源

（一）设备状态监测

　　设备状态监测是设备资产管理解决方案实施的第一步，传感器技术大幅减少了低数字化水平设备的数据采集成本，各类数据采集工具、数据采集产品的普及也让设备状态监测成为当前应用最为广泛的解决方案。目前，设备状态监测解决方案主要有两个目的：一是充分掌握设备生产运行状态，通过数据集成、为设备增加特殊传感器等方式掌握企业生产运行状况，以便在设备出现问题时能够及时发现和处理；二是通过多设备的状态数据汇聚实现多维度监测，分散在多台设备中的数据在平台汇聚后，可以进行数据分析和挖掘，从而发现分散化管理不能发现的问题。

🔆 解决痛点一：机器状态不透明

生产设备是大部分工业数据的基础，机器状态不透明将导致其他方面的各类问题无法解决。

在装备联网管理方面，存在机器状态不透明、设备利用率未量化、生产实绩难及预期、设备运行成本不明朗的问题；在制造过程优化方面，存在单条生产线产品种类多、工艺变化快，大部分企业的生产过程信息难以追溯，生产过程高度依赖现场管理人员和工人素养的问题；在故障预测与健康管理方面，存在设备及部件失效导致的产品质量下降，部件过度维护造成大量浪费，现场人员不了解故障原因，无法从根本上避免故障的问题；在机械加工智能监测方面，存在由于刀具磨损、断刃或选型错误、机床精度丢失等各种因素，造成工件报废或机床停机的问题。

武汉恒力华振科技有限公司（简称"恒力华振"）基于多年机床行业经验，深耕设备机理，致力于为客户提供设备数字化与智能化的整体解决方案。

案例 7-1　工业装备数据智能采集与分析解决方案

📖 **解决方案做法**

解决方案集成了各类协议、PLC、仪表、传感器的数据采集技术，响应速度和采集频率可达毫秒级，能覆盖各品类新老设备。解决方案还提供高效、稳定、准确的数据传输、存储与可视化服务，如 OEE、车间可视化管理、设备状态与信息、加工报警信息、产能等实时统计。解决方案更可以通过工业大数据分析模型，实现设备的数据化与智能化，如质量预测、工艺优化、设备智能运维等应用。同时，解决方案采用标准化、模块化的算法、软件及硬件，通过简单的配置，就能让企业的工程师方便快捷地完成数据采集、分析和挖掘工作，并快速建立各种设备智能化所需的模型。

📖 取得成效

根据实际应用及用户反馈，通过对离散装备联网管理，实现对设备运行数据的实时、自动化分析和评价，提高生产运营效率 15% 以上；通过精细化工制造过程优化，为客户降低 20% 的不良率，提高 15% 的生产效率，降低 8% 的成本；通过装备预测性维护，提高设备维护效率 50%；通过机加工智能监测，提高刀具加工效率达 20%。解决方案累计为客户节约成本 5000 万元/年。

📖 商业推广模式

解决方案已经在十多家世界或中国 500 强企业成功完成试点应用，涵盖机械加工、精细化工、核电、航空、汽车、3C、工程机械等行业。解决方案主要瞄准离散行业装备联网、精细化工制造过程优化、重资产行业装备预测性维护、高附加值机加工智能监测 4 个细分市场，针对大客户，解决方案提供数据采集+数据集成+数据 BI+数据 AI 分析的定制化服务，并凝练标准化应用；针对中小客户，解决方案提供标准化产品+BI 服务模式，并通过与相关工业云平台、工业网络推广平台合作，扩大解决方案的产业化。

📖 **落地应用情况**

解决方案为国内某大型计算机生产基地减少无效工时 78%，减少主要材料浪费 80%，节约巡检人员 2 人。

解决方案为国内某上市 3C 产品制造企业提升良品率 7%，每年节省超过 3000 万元。

解决方案为某外企大型黏合剂生产厂家热熔胶生产线降低生产和工艺事故 3%，降低产品不良率 20%，提升生产效率 15%，降低生产成本 8%。

💡 解决痛点二：设备状态判断难

润滑油是机器运动部件的"血液"，全世界 60%以上的重大装备故障源自润滑磨损失效，50%以上大型设备的恶性事故与润滑摩擦磨损有关。仅 2014 年，我国因摩擦磨损润滑问题造成的损失达 31800 亿元。

长期以来我国企业在设备健康管理中无有效技术抓手、依靠人为经验，缺乏专业的油液监测服务人才与智能系统，传统离线监测反馈滞后，存在效率低、设备非正常停工等痛点。

广州机械科学研究院在液压、密封、润滑、设备润滑状态监测、汽车零部件检测等方面居国内先进水平，为重大技术装备润滑安全监测、大数据挖掘、远程智能运维等提供共性技术研究及服务。

案例 7-2　大型风电设备健康状态多维度监测管理解决方案

📖 解决方案做法

解决方案面向大型工矿企业关键装备的运行安全，以及大型装备互联互通、智能运维的重大现实需求，提供基于工业互联网的设备健康状态一站式解决方案。其核心功能是远程智能在线油液监测系统及技术，是通过实时在线分析机械设备在用润滑油液的性能变化及其携带的磨粒特征，获取设备的润滑和磨损状态信息，进而诊断设备的润滑磨损故障原因、提出维护措施的一项专业技术。通过油液监测和分析诊断不仅能及时发现设备隐患，而且可以科学地确定设备维护要素和周期，能避免重大装备计划外停机、减少维护维修费用、节省运维费用、提高设备利用率，显著提升大型工矿企业的经济和社会效益。

📖 取得成效

已有 20 余家企业的上百台设备接入该监测系统，接入后的设备计划外故障停机减少 10%，生产效率提升 3% 以上。

📖 商业推广模式

解决方案成果包括全套的软硬件、云平台系统及现场安装调试服务，可基本实现随装随用，方便用户使用。现拥有全国各类客户

3000 余家，涉及电力、化工、机械制造、汽车、矿山、船舶、钻井平台等关系国计民生的重要工业领域。

　　📖 落地应用情况

　　广东粤电湛江风电公司的洋前风电场示范机组实际出现故障 8 次，该系统报警 8 次，故障诊断正确 8 次，异常报警率为 100%，故障诊断正确率为 100%。

　　华能饶平风力发电有限公司陆续稳定运行 120 天，故障诊断准确率超过 90%。

（二）设备远程运维

　　在设备地理位置分散的企业中，人工巡检、运维成本居高不下，即便如此，一旦出现设备故障也很难在第一时间发现，数据往往都是通过人工方式从设备端复制，传回数据中心再进行分析计算，导致将原本损失不大的小故障拖延成大故障，甚至带来对周边环境产生巨大影响的次生事故。远程运维能够有效解决这一问题，对偏远地区的设备进行实时数据监测，发现问题并及时处理，尤其是在石油、风电等大型装备方面，能够大幅降低设备宕机带来的损失。然而，目前远程运维应用偏重监测而非控制，大多数工业企业出于生产安全的考虑及网络传输的时延，对远程控制仍然持保留态度。

💡 解决痛点一：关键装备停机损失大

基于流程型生产的冶金行业，大部分企业仍处于关键装备状态不明、依赖人员经验等低效模式，并存在装备突发事故停机时长、故障恢复速度慢、损失大、招人难等痛点问题。尤其在装备大型化、多样化以后，个人的技术素质已受到限制，而一旦发生事故，整条生产线就会瘫痪，损失巨大，迫切需要新的管理模式适应智能化发展；装备制造商存在售后服务成本逐年增高等痛点问题。

镭目公司具有 26 年冶金行业服务经验，长期深耕流程型生产的冶金行业，提供炼钢连铸流程测控装备远程运维解决方案。

案例 7-3　钢铁行业的集成创新解决方案

📖 **解决方案做法**

解决方案对现有冶金行业测控装备进行升级，配置智能传感器和智能仪表，并加装物联网模块，使该测控装备数字化、智能化、网络化。智能传感器包括镭目公司拥有自主知识产权的γ射线传感器、涡流传感器、电磁超声传感器、图像传感器或第三方传感器等。解决方案构建设备数据库、分析模型数据库、实时数据库和文件数据库的混合数据中心，以满足设备管理及现场海量数据的存储需求。解决方案通过设备子诊断系统、专家系统及预测模型，对实时数据进行分析，分析设备故障并判断故障发生的原因，再根据专家库，给出故障解决建议；预测设备可能存在的问题，制订点检、维护计划或使用备件计划，确保现场设备可靠运行，减少异常停机带来的损失。

📖 **取得成效**

在故障停机时长方面，实施解决方案之前，通常在接到客户故障信息后，前往现场处理一般都需要 24 小时内解决；而通过工业互联网平台解决，快的只需要 0.1 小时，慢的仅需要 2 小时。在人力成本方面，以需要 100 人的现场服务人员为例，现场服务的年运行成本可从实施前的 1500 万元降低至实施后的 900 万元。

📖 **商业推广模式**

解决方案通过与镭目公司自主研制的测控装备捆绑打包的形式直销给钢铁企业，现已在钢铁行业、炼铝等有色行业、核电行业成功应用，还可在航空航天、军工、轨道交通等领域应用。

📖 **落地应用情况**

广西盛隆冶金有限公司设备作业率达到 95%～96%，单流产量由之前的 20 万吨/年提升至 28 万～30 万吨/年，生产和维修人员优化 30%。

韶钢炼钢厂安全生产事故率降低 10%，设备作业率从 85%提升到 96%，人员优化 75%。

解决痛点二：通用设备个性化维护成本高

我国已连续多年成为世界最大的机床装备生产国、消费国和进口国。未来 10 年，电子与通信设备等重点产业的快速发展，以及新材料、新技术的不断进步将对数控机床与基础装备提出新的战略性需求和转型挑战。对数控机床与基础制造装备的需求将由中低档向高档转变、由单机向包括机器人上下料和在线检测功能的制造单元和成套系统转变、由数字化向智能化转变、由通用机床向"量体裁衣"的个性化机床转变，电子与通信设备制造装备将是新的需求热点。

武汉重型机床集团有限公司深挖高端数控机床设备机理，通过自身服务化转型，面向下游产业提供远程服务解决方案。

案例 7-4　面向国产高端数控装备的远程运维解决方案

📖 **解决方案做法**

解决方案建立标准化的信息采集与控制系统、自动诊断系统、基于专家系统的故障预测模型和故障索引知识库，延长设备使用寿命，实现装备（产品）远程无人操控、工作环境预警、运行状态监测、故障诊断与自修复；建立高端数控机床及核心配件的生命周期分析平台，提高设备运行的可靠性和稳定性；实现智能数控装备的调剂、制造能力供需匹配、制造方案制定与执行、最优使用方案推送、创新应用开发等服务。

📖 取得成效

解决方案协助客户降低运营成本、设备维护成本、研发成本1500万/年，实现运营成本降低20%以上，生产效率提高20%以上，单位产值能耗降低10%以上。重型数控车床、铣床、镗床可靠性和稳定性提高20%，故障维护响应时间缩短至4小时，实现24小时到达现场。

📖 商业推广模式

解决方案通过开发平台及应用实施，提升重型机床的设计、制造、运行、维护等能力，提高设备运行可靠性，保证产品加工高质量和高精度，延长设备寿命。在武汉重型机床集团有限公司形成面向重型机床装备的闭环PLM系统示范应用基地，在集团全球或全国子公司、异地工厂中，形成重型机床维护服务解决方案与应用。目前已服务客户500家以上，维护设备1000台（套），为集团增加营业收入20000万元/年以上。

📖 落地应用情况

解决方案已在中国兵器武汉重型机床集团有限公司、山东国创风能装备有限公司落地应用。

💡 解决痛点三：特种设备远程维护难

我国是当今世界锅炉生产和使用最多的国家，锅炉产业对外面临能源政策和节能、环保要求的制约，对内面临燃烧效率差异大、运营工作效率低、设备停产损失大、耗材配件消耗多、售后部门成本高、原厂维保率低等诸多挑战。

传统的锅炉维护工作主要是由人工来完成，这种方式费时费力而且不能及时发现锅炉运行时的隐患。司炉人员因锅炉专业知识不强，有时会有一些不恰当的操作或不合理的参数设定，或可影响锅炉的使用效果、降低锅炉热效率。

深圳市智物联网络有限公司（简称"智物联"）提供"云端"独立部署 +"地上"工业现场方案，构造"锅炉运行数据空间"，实现锅炉的远程运维。

案例 7-5　基于锅炉运行数据空间的远程运维解决方案

📖 **解决方案做法**

解决方案对锅炉的运行情况进行监测，提高锅炉能源利用效率、减少污染物排放、强化风险防范能力。利用锅炉远程监测云服务，可以快速地为用户提供产品的全生命周期管理服务，包括产品档案、维修记录、远程数据、远程诊断报告、产品服务记录等，并且可通过移动终端实现快速报修、检修。

解决方案实现了锅炉数据的远程采集、传输、储存及对锅炉运行情况的智能分析功能；对锅炉启动情况、锅炉压力、排烟温度等多种传感器数据进行自动采集，并通过移动网络实时传输到锅炉远程监控中心供技术工程师应用，提高锅炉热效率并节省资源。锅炉运行一旦出现异常，监控中心的工程师可及时发现并组织专家分析，为用户发出警示和提出整改措施，24 小时保障锅炉正常运行。

📖 **取得成效**

解决方案每年可以减少外出运维约 400～500 天，按 4000 元/天计算，每年合计降低运维费用约 160 万元；通过监测各重要指标，加强对锅炉运行的管理，可使锅炉效率提升 4%～10%，以一台 20T 燃气锅炉一年运行 300 天、一天工作 10 小时为例，可实现热效率平均提高 10%，标准燃煤量减少 8%，每年节约煤可达 960 吨，节约成本 28.8 万元，每年减少排放二氧化碳 2515 吨、二氧化硫 8.2 吨、氮氧化物 7.12 吨。

📖 **商业推广模式**

解决方案服务娃哈哈集团、南车洛阳机车厂、太原唐都生态园、上汽通用五菱汽车股份有限公司重庆分公司等锅炉使用企业。

📖 **落地应用情况**

解决方案已在上汽通用五菱汽车股份有限公司重庆分公司、济源伊利乳业有限责任公司落地应用。

💡 解决痛点四：大型复杂设备运维难度大

随着我国铁路和城市轨道建设进程加快与"一带一路""走出去"的实施，轨道交通车辆呈现数量多、运量大、分布地域广、服役环境复杂、网络化等综合特征，对运营安全保障提出更高要求；同时，现有运维服务模式受到距离、时间限制，已经很难适应轨道交通车辆运维的快速发展，从人力、物力、质量、效率等方面对运维提出一系列新的挑战。

中车青岛四方机车车辆股份有限公司致力于动车研发、制造、经营、服务等全流程和全产业链服务。

案例 7-6　轨道交通装备智能运维解决方案

📖 **解决方案做法**

解决方案实现工业设备、设备用户、设备商的全数字化打通，为轨道交通设备用户提供在线模式、离线模式和远程模式等智能运维服务，为用户提高设备故障预警准确率、运维效率，保障设备运行安全，减少设备维修率，降低设备运维成本。首先，搭建具有服役状态检测、在途故障诊断和预警、后台隐患挖掘与故障预测、设备健康状况评估、维修策略定制与优化等功能的故障预测与健康管理系统。在预测性维修基础上，融合云及虚拟可视化技术，基于互联网技术的技术资料系统、需求预测的配件一体化系统、修程及排程优化的增值服务系统、云的远程培训服务系统、虚拟可视化的远程协同指导系统进行拓展建设，从而形成一体化、综合性远程运维服务技术与支撑平台体系。

📖 **取得成效**

解决方案通过故障预测支撑备品配件快速响应，减少因配件导致的停运时间，实现车辆维护成本下降 10%；通过技术推送、维修指导等服务新模式，车辆日均检修效率提升 10%、常规运维故障处置效率提升 20%。

📖 **商业推广模式**

解决方案在各铁路局及城轨业推广使用，铁路局如北京、武汉、上海、成都、昆明、广州、南昌等，城轨如成都、天津等，能够对铁路及城轨车辆故障分析进行高效组织、快速决策，提高故障处置的效率，保障列车稳定可靠地运行。轨道交通作为智能装备行业代表，在运维服务方面，与航空、航天、航海等其他智能装备行业具有一定的相似性，所以该系统的搭建方法、流程、经验等，均具备向其他装备领域推广的价值。

📖 **落地应用情况**

中国铁路广州局集团有限公司广州动车段累计节约运行及维护成本约 3600 万元,成都轨道交通集团有限公司有效减少非计划故障停车。

💡 解决痛点五：分散设备运维成本高

当前变电站主辅设备监控手段不足，采集缺乏统一规范和平台，感知层数据无法融会贯通，运检效率低下、预警手段缺乏、应急能力不足。一是运检效率低下，变电站主辅设备远程监控手段不足，采集缺乏统一规范，感知层数据无法融会贯通，无法实现数据共享和联动，极大地浪费了数据资产中蕴含的价值。二是预警手段缺乏，故障影响因素众多、规律复杂，而传统的专家经验法对设备的状态感知、数据分析和主动预测预警均缺少有效手段，大电网安全管控难度显著增加。三是应急能力不足，运检人员少、维护工作量大、智能化水平不足，日常工作往往疲于应对各种突发故障和异常情况，协同指挥决策难。

国家电网联合南京南瑞集团公司、华为等国内知名企业进行合作研发，打造运检专业"电力大脑"，为变电运检提供远程运维解决方案。

案例 7-7　基于全景态势感知的变电智能运检解决方案

📖 **解决方案做法**

解决方案采集 28 类设备的红外图谱、紫外图谱、故障案例等数据信息，为大数据挖掘、机器学习的算法模型提供丰富的训练集和模型优化空间。

（1）感知中心——基于智能传感技术，实现设备状态"全息感知"。

加装智能传感器对变电站安防、消防、环境监测、门禁、照明、在线油色谱、局放、SF6 气体、蓄电池监测等 64 类主辅设备状态进行全面监控。通过辅助设备监控系统，运维人员可以在运维班、变电站进行故障报警远程确认、安防远程布防、远程紧急开门、环境远程调节。目前，以宜昌当阳片区作为试点，其所辖变电站消防、智能门禁、端子箱、电缆沟环境监测已达到覆盖率和在线率100%。

（2）分析中心——基于 AI 机器视觉技术，实现设备状态"智能识别"。

利用 AI 机器视觉技术，设备表计、开关类设备位置指示，异物、渗漏油、外观破损、压板、空开、把手、指示灯等异常状态，自动生成巡检报告。智能识别车辆和作业人员身份、作业行为，对烟火、异物、周界入侵等变电站环境异常自动诊断、自动录像、主动预警。

（3）预测中心——基于深度学习算法，实现故障预测"快速精准"。

平台基于神经网络、XGBoost 等深度学习算法搭建变压器等 28 类不同设备故障预测模型，精准预测设备故障，变被动运维为主动运维。

（4）决策中心——基于电网知识图谱，实现决策建议"智能高效"。

基于规程、专家经验库、典型案例库及智能推理模型，构建电网知识图谱，为电力大脑置入决策引擎，为生产人员提供运维检修策略。

（5）管控中心——基于视频联动技术，实现设备状态"全面管控"。

在 SCADA 系统和变电站视频监控巡检平台间建立通信通道，自动联动变电站视频监控装置、智能巡检机器人、智能照明控制系统，对变电站开关刀闸设备采用"全景+三相"的模式进行视频数据采集，以实现遥控操作时对开关刀闸分合闸过程的监视，同时接入 AIS 刀闸压力传感器数据，对刀闸闭合是否到位进行辅助判别、确认和反馈。

📖 **取得成效**

解决方案帮助宜昌公司提前发现并消除设备缺陷 651 起，实现设备故障率下降 75%，检修停电次数减少 41%，运维效率提高 90%。

📖 **商业推广模式**

解决方案对信用程度良好的客户采用先体验后付费的模式。

解决方案为业务相似的客户提供"硬件+软件"的一站式解决方案；为业务具有差异的客户提供个性化开发。

解决方案为有需求的客户提供设备故障专家知识库、缺陷诊断库、运维策略库等专家知识库及培训工作。

📖 **落地应用情况**

解决方案已在湖北电网宜昌、孝感、荆门、随州、黄石、黄冈、武汉等地市公司 140 余座变电站落地应用。

（三）设备预测性维护

过去，由于缺乏准确的方法来判断设备失效的确切时间，设备维护运营通常需要提前更换零部件以最大限度保障设备正常运行。预测性维护解决方案就是针对这个问题，提出打破原有秩序，在确保设备使用寿命最大化的同时，有效避免设备发生意外停机、缩短计划停机时间，最大限度地延长设备使用寿命。预测性维护解决方案基于历史数据构建预测模型，并通过实时数据不断对设备状态进行调整和判断，通过预测模型帮助维护人员提前找到问题的根源，同时结合分析和认知技术做出正确决策。

💡 解决痛点一：通用零部件使用寿命短

刀具广泛运用于 3C 电子制造、汽车、能源、航空航天等制造领域，目前我国精密刀具年消耗量高达 90 亿把，生产总量位居世界前列，但刀具设计制造及管理水平仍落后于德国、美国、日本等发达国家。随着市场竞争的不断加剧，传统刀具制造方式严重依赖人工经验，普遍存在新产品研发周期长、调机换线时间长、作业效率低、产品良率低、稳定性差等痛点，难以满足行业发展需求。与此同时，刀具应用企业也普遍存在刀具管理水平差、使用成本高的问题，特别是刀具的寿命管理及回收利用管理粗放，存在很大的浪费。

富士康工业互联网股份有限公司为客户提供以工业互联网平台为核心的新形态电子设备产品智能制造服务。

案例 7-8　基于刀具数据模型的预测性维护解决方案

📖 **解决方案做法**

工业大数据边缘运算技术：成熟的基于雾小脑智能中枢集群控制的系统，可为底层采集得到的数据进行数据清洗、数据解析、数据建模等动作，为不同类别行业的数据进行解析说明，为各行业提供一系列决策系统。

智能磨削微服务应用：以机台在线检测与刀具生产状态数据采集为基础，通过雾小脑过滤得到磨削过程中的关键、有效数据，并实时上传云端，再通过工业知识机理及人工经验的封装，开发智能调机、智能补偿等磨削应用。

智能主轴健康管理：以五轴磨床主轴为载体，采集主轴数据为核心，内置传感器采集数据，对数据特征进行提取，并结合状态参数开发智能主轴监控管理系统，来监控主轴运行状态、诊断主轴故障、预测主轴健康状况等，硬件部分现场部署简单，最大限度地降低了工厂导入成本。

刀具剩余寿命预测管理：透过传感器、控制器、PLC 等采集高低频数据，取出不同时域和频率特征集，建立刀具的磨损量评估模型，实现刀具寿命预测，助力企业提质增效。

📖 **取得成效**

整体设备维保费用降低 15%，设备能耗降低 10%，设备寿命延长 10%；整体设备非预期停机降低 30%～40%，生产线生产效率提升 10%；提高数据统计分析的及时性、准确性，一次调机正确率可达 70%，单款调机时间从 4 小时缩短至 0.5 小时，从而缩短开发周期 30% 以上，降低生产现场对人的依赖，减少现场操作人员 50%，预计未来 3 年每年将为公司额外创造 20% 的净利润。

📖 **商业推广模式**

解决方案打造设计—制造—应用—回收的全生态服务体系，带动精密刀具制造行业资源网络化动态配置，促进数据、业务协同与能力交易，服务上下游供货商，赋能各中小企业。

📖 **落地应用情况**

解决方案已在数十家企业落地应用。

💡 解决痛点二：高端装备维护成本高

当前，高端装备制造企业面临服务化转型需求迫切，正从传统能源向清洁能源转型，从传统制造向智能制造转型，从提供产品向提供服务转型，火电、燃机、风电、机床、电机、轨交、环保、分布式能源、康复医疗等产业均有设备维护需求。

上海电气集团（简称"上海电气"）是国内装备制造业龙头企业，面向集团内各类高端设备转型需求，上海电气考虑通用性和专业性，构建多行业兼容、跨行业应用解决方案。

案例 7-9　高端装备预测性维护解决方案

📖 **解决方案做法**

解决方案针对设备特殊性，开发智能化运维系统，基于大数据分析和人工智能的设备状态预警和性能监测，管理设备运行状态和健康状态；基于专家系统和专业诊断模块，自动实现设备故障诊断，有效减少机组非计划停机；基于深度学习的智能控制，实现设备控制优化，提高设备稳定性和运行效率；基于大数据分析的设备健康管理，实现设备全生命周期管理。

📖 **取得成效**

解决方案缩短产品的制造周期 10%。提升售出产品全生命周期的服务能力，运维成本降低 15%。

📖 **商业推广模式**

（1）服务集团内部企业。首先，以接入集团内部企业为主，在集团内部企业实现设备健康管理、远程运维诊断、能源管理、数字化工厂、机床联网运维等集成应用。各企业借助基于工业互联网的可调用机理模型及微服务组件，快速实现业务创新应用，从而节省大量软硬件及重复开发投资；同时，通过各项集成应用服务，可以帮助企业提升工作效率，降低生产运营成本，实现制造企业向制造服务业务转型。

（2）面向中小制造企业推广。在内部应用的基础上，以平台带动上海电气整体解决方案的输出；在集团内部解决方案打造成熟后对外推广，首先向具备市场化条件的行业进行推广，如设备数量多且相对分散的行业。

（3）面向高端装备企业推广。在内部应用和向中小企业推广的基础上，面向高端装备企业进一步推广，通过封装、模块化的模型及微服务组件，将上海电气深耕于行业多年所得经验进行有效沉淀和汇聚；并通过功能的开放和调用被更多企业共享，助力企业快速、低成本实现工业互联网创新应用，提升企业数字化、智能化水平，实现提质、降本、增效。

📖 落地应用情况

解决方案已在上海电气电站集团、上海电气风电集团有限公司、上海电气分布式能源有限公司、上海机床厂落地应用。

💡 **解决痛点三：设备健康管理难度大**

当前数据面临的突出问题是数据数量不足、类型较少、精度不高、数据孤岛严重，呈现出高度碎片化、非结构化、时序不同步化及状态数据不完整、数据质量较差等问题。

观为监测技术无锡股份有限公司是一家深耕工业互联网预知性维护的服务商，帮助企业实现设备健康管理。

案例 7-10 设备预测性维护解决方案

📖 **解决方案做法**

构建数据采集体系，一方面能够兼容、转换多种协议，实现工业数据互联互通互操作；另一方面通过部署边缘计算模块，实现数据在生产现场的轻量级运算和实时分析，缓解数据向云端传输、存储和计算的压力。融合视觉增强影像技术、在线振动、油液分析与故障预测技术等工业监测技术和先进的人工智能和大数据技术，为每台设备建立健康指数雷达图和全生命周期健康管理。

📖 **取得成效**

解决方案 3 年出具诊断报告 2500 余份，提前预警并诊断机组早期故障 200 余次。

📖 **商业推广模式**

解决方案可广泛服务于中石油、华润电力、Chevron（美）、神华集团、中车、中船重工、陶氏化学（美）、塔牌集团等国内外先进制造生产型企业，覆盖电力、油气、建材、智慧城市、化工、军工等行业。

📖 **落地应用情况**

解决方案已完成华润电力 46 座风力发电场 1200 余台风机的部署；与国际团队合作，确保雪佛龙—中石油合作油气田安全运营。

（四）设备全生命周期管理

设备制造商的服务化转型需求逐渐强烈，一方面设备出厂后仍需要长期运营和维护；另一方面设备产品更新换代速度不断加快，企业需要更多应用数据来反馈研发设计。产品全生命周期管理解决方案覆盖产品研发设计、生产制造、市场运营、售后服务等全流程的各环节，需要将各环节的数据有机结合，实现以售后促进研发设计、以生产优化促进交付销售、以数据流通降低成本等成效。对设备制造商来说，产品全生命周期管理的重点在于设备出厂后的维护，因此大部分平台的做法是对设备进行实时监控，围绕设备的使用、故障及资产管理，形成设备监测、故障诊断、预测性维护、远程运维及设备贷款管理等。

解决痛点一：复杂环境设施故障损失大

矿山行业面临设备增多、人员成本增高、维护难度增大，难以实时把控设备状态，一旦出现故障，造成的停工损失巨大，备品备件品种和数量繁多，人为检查记录难以做到及时更换检修，影响企业生产效率。此外，日常维护缺乏监管手段，随意性较大，无法保障执行设备巡查，且监管巡查主观性强、易流于形式，无法标准化、常态化检修。另外，检修计划无依据，维修人员技能缺乏，没有经验要求高的相关设备标准作业指导人员，难以积累、共享相关知识和经验。

福建中海创科技有限责任公司专注于提供工业互联网与智能制造领域整体解决方案。

案例 7-11　矿山设备全生命周期管理解决方案

📖 **解决方案做法**

解决方案面向矿山冶炼行业，通过系统实现企业设备管理信息化，即通过信息系统完成设备的实时状态监测、点检管理、检修管理、运行管理、费用管理、备品备件管理、计量设备管理和特种设备管理，使人工管理中一些定性的、随机的成分转变为定量的、标准的、规范的管理，保证企业对设备的物质运动和价值运动的全过程实行先进的可预知性管理，并逐渐实现以预防性维修为主的设备维修，提高设备管理的工作质量、效率和现代化程度，辅助企业的设备管理工作决策及整体经营管理目标的实现。

📖 **取得成效**

解决方案实时掌握设备状况，设备使用效率提高 26%；实现了对设备的有效管理，采购成本降低 6%、库存管理成本降低 20%；实现了对设备的预测性维护，故障频次减少 15%。

📖 **商业推广模式**

解决方案目前已经在矿山行业推广多家企业，使用效果卓越，对于设备全生命周期管理有巨大意义，在矿山行业具有很高的可复制性与推广性；已累计管理设备 3370 台，完成设备检修 11450 余次、巡检任务 11300 条，发现并解决故障及隐患 2200 余起。解决方案跟随"一带一路"沿线进入刚果（金）、吉尔吉斯斯坦、俄罗斯图瓦等国家，并在非洲、塞尔维亚等地设立多个办事处，负责当地项目的就近运维与日常事务，在当地收获了良好反响。

📖 落地应用情况

解决方案已在乌拉特后旗紫金矿业有限公司落地应用。

💡 解决痛点二：产品售后数据要求高

随着内外市场环境的持续变化，汽车行业在运营效率、质量管控、成本控制、决策支撑、服务延展等方面对于工业大数据的支撑，提出了更高的要求。

发动机作为汽车的核心零部件，在使用和运行阶段，因为无法监测和采集产品运行阶段的各项状态参数，不能给予用户更多支持，售后服务也只能覆盖事后的故障维修，存在服务局限性。

北京福田康明斯发动机有限公司（简称"福田康明斯"）探索从先进制造到智能制造的转型。

案例 7-12　发动机全生命周期管理解决方案

📖 解决方案做法

围绕柴油发动机"设计—制造—测试—产品运行"全生命周期，识别企业内外部数据源，以及数字化生产、测试设备、车联网等收集的制造数据、运营数据、财务数据、质量数据、运行数据等数据。在数据仓库内构建并逐步完善各类业务数据模型。进一步提取、整合并存储数据信息，形成公司唯一的、整合内外部各项业务信息的数据仓库系统,支持数据深度分析应用的需求。基于需求属性的差异，通过数据统计、交叉分析、相关性分析、回归分析、因子分析等进行数据的智能分析。根据数据分析层的模型，创建平台上支持数据展现的模型，通过终端将数据分析及预测结果以报表或图形等形式实时展现，给予企业经营决策强有力的辅助和支撑。围绕供应链，形成汇聚数百份报表的统一报表中心，构建超过 200 个指标体系，使得工厂业务分析和预测更加全面，工厂保障及用户的使用和运行均能够得到有效的深度分析和预测。

📖 取得成效

解决方案实现生产效率提升 25%；营业成本较行业平均水平降低约 6%；研发周期从行业平均 30 个月缩短至 24 个月，降低 25%；产品不良率降低至 450 台/百万台；单台发动机能耗降低 20%。

📖 商业推广模式

解决方案采用合作开发与进驻指导相结合的方式，对福田康明斯智能制造和智能服务进行推广应用。解决方案已经在福田康明斯内部兄弟公司进行了方案应用的经验分享和知识转移。"制造+服务"全生命周期覆盖，在业务属性相似的高端/大型设备及关键零部件制造行业，设备运行维护及服务均可作为未来重点推广领域。

📖 落地应用情况

解决方案已在西安康明斯发动机有限公司、成都劲驰汽车销售服务有限公司落地应用。

🔅 解决痛点三：产品稳定运行管理难

当前新能源商用车市场逐渐兴起，新能源汽车及充电设施呈现较高的增长态势，随之而来的新能源安全问题，特别是动力电池的安全及充电设施的安全，越来越受到行业及公众的关注。

动力电池是新能源车的核心能源部件和高价模块。动力电池系统和充电系统是整车安全运行的核心保障，特别是客车电池容量较大、功率输出要求高，动力电池已然成为故障隐患最为集中的地方。监控、预测预防充电设施、动力电池、充电过程故障和意外事故，保障新能源安全，是商用车行业、新能源行业共同面临且必须解决的行业性问题。

郑州宇通客车股份有限公司（简称"宇通"）作为客车产品研发、制造与销售的制造企业，利用车联网平台，对新能源电池进行全生命周期管理。

案例 7-13　新能源动力电池 LCC 解决方案

📖 **解决方案做法**

解决方案基于宇通商用车智联平台，整体采用物联网、大数据、深度学习算法等前沿技术，并结合企业自身进行自主研发、组合、优化，具有独立知识产权。平台面向整车和交通设备网联化，提供可视化设备物理建模能力，真实还原设备数据物理实时状态，建立整车行业级数据仓库。解决方案整体采用微服务架构，通过分层分类的工业微服务构建，形成平台层次分明的松耦合架构，提高服务的可重用性和开放性；构建行业级算法库，侧重动力电池安全、整车安全。平台采用机器学习和建立机理模型的方法，结合宇通在商用车、新能源、交通运输的行业经验，形成具备行业壁垒和技术壁垒的行业级算法模型。通过用户充放电行为分析监控用户充电和放电情况，了解用户行为习惯，为分析车辆故障问题提供多维度分析结果；通过电池工况分析反映车辆电池实际电池工况情况，提高电池性能评估的真实性和准确性；电池故障监控和原因分析实现电池故障的在线监控和在线诊断，提供多维度分析指标，提升电池故障处理响应速率；通过识别续航里程异常车辆，从多维度分析原因。

📖 **取得成效**

解决方案实现电池故障的监控和在线诊断，提供多维度分析结果，提升市场故障问题响应速率和批次故障排除速度。

📖 **商业推广模式**

新能源动力电池 LCC 解决方案目前主要支撑宇通客车主业发展，在宇通客户、子公司等范围内推广应用：

（1）面向电池相关专业工程师，提供覆盖关键电池指标的分析性平台，能够查询多维度的分析结果，帮助工程师全面了解车辆信息，准确定位电池问题，提高市场问题响应速率，提升用户满意度。

（2）面向子公司，提供定制化解决方案和功能平台，协助子公司精准洞察客户需求和客户痛点，提高产品服务质量，帮助用户创造更大价值。

　　📖 **落地应用情况**

　　解决方案已在郑州深澜动力科技有限公司落地应用。

💡 解决痛点四：研发和销售两端信息孤岛

　　工程机械行业市场逐渐饱和，制造商正从以销售新设备获利为主的单一商务模式，逐步转向以市场拓展获利为主的复合商务模式，随之而来的就是之前分散的、被动的、人工的售后服务模式，逐步转变为一体化、主动的、智能化的售后服务新模式。

　　市场变化对工程机械行业提出更高的个性化需求，企业研发创新及产品生产中存在信息化成本高、研发效率低下、产品设计周期较长等多方面问题，同时信息孤岛极大地限制了工程机械企业数字化转型。

　　山河智能装备集团积累工程机械设备机理，针对工程机械研发和销售两端的痛点需求，提出工程机械全生命周期管理解决方案。

案例 7-14　高端装备生命周期与价值链解决方案

　　📖 **解决方案做法**

　　解决方案基于边缘计算及 IoT 技术，对现场作业管理、机械工况管理、车辆位置管理、金融风险管理、服务支持管理等进行实时工作数据采集、存储和分析。基于对数据的洞察与分析实现产品研发创新、设备资产运维、生产制造执行、工艺质量优化、产品销售服务、供应链资源整统、物流运输调度、产品智能应用等功能。提供客户现场管理模式创新，可以快速精准地辅助客户实现现场精细化管理，实现智能化施工、无人化施工，有效降低人为参与程度，提升安全保障能力。通过平台应用柔性客制，为终端用户提供远程诊断及智能运维、作业工程质量监控及风险预测、成本管控及投资收益分析、电子围栏及债权锁车等智能应用。基于大数据分析的客户需求个性化定制模式，可以提升产品竞争力，拓展产品利润空间。

📖 取得成效

解决方案使电子图文档查询效率提高 50%；减少技术资料纸张打印量 20%；减少工程变更量 10%；减少设计差错产生的成本损失 5%。

齐套交付率由 87%提升到 93%，并且交付缺件情况得到极大改善；旋挖装配层物料生产周期由原来的 15 天缩短到现在的 8~10 天。

📖 商业推广模式

解决方案能以较低的成本、较少的人员投入来维持系统运转，形成基于平台的软件服务费、终端销售收入、广告收入、平台组件订阅费等的商业模式。

解决方案在湖南省内各市园区开展应用试点，全面接入园区工业企业的服务资源、业务管理数据及其产品运行数据，形成辐射带动产业链上下游企业或客户用户的行业性、功能性工业互联网平台。

📖 **落地应用情况**

解决方案已在山河集团内部，以及湖南华安基础工程有限公司、长沙威沃等公司落地应用。

三、安全生产的压力：设备、生产和数据安全

安全不仅是工业企业生产经营活动的基本条件，也是工业互联网得以实施和应用的重要前提，这一关键环节的短板将为工业企业带来难以估量的损失。工业企业在安全领域中展开了多样化的探索，主要存在两种典型模式。一是以监测预警手段提升可靠性，保障生产环境安全。在对生产环境开展实时监测的基础上，工业企业可通过数据分析预测实现潜在安全风险的提前预警，满足与安全性高度相关的生产决策支持需求，进而提升工业生产环节的可靠性。二是以漏洞检测手段强化可控性，维护设备设施安全。围绕漏洞检测这一核心需求，部分网络安全领域成熟产品着力适应工业互联网网络部署特点及工业设备设施的特殊属性，面向工业领域的强大服务能力有望逐步释放。

💡 解决痛点一：能耗和安全双重压力大

随着绿色发展需求不断提升，政府对企业能耗、排放和安全

生产的监管日趋严格，能效提升、安全生产、清洁生产、低碳发展、资源循环等多个方向的压力不断挤压，部分企业急需转变耗散式能源利用、无管控排放和粗放式管理的传统模式，否则将面临停产、关厂等惩罚措施。

流程行业同时具备高能耗和高安全隐患的双重压力，节能减排和安全生产不仅关系大量企业成本，还通常会带来社会效应，影响企业品牌化发展。

南京擎天科技有限公司拥有近 10 年的低碳节能减排信息服务技术积累与经验，与国家应对气候变化战略研究中心、世界资源研究所（WRI）等多家机构建立了战略合作关系，为流程行业提供能耗优化与安全管理解决方案。

案例 7-15 面向高能耗企业的能耗优化及安全管理解决方案

📖 **解决方案做法**

在安全管控方面，面向化工企业运行过程中各类安全要素的一体化管理需要，围绕风险分级管控和隐患排查治理体系、化工过程安全管理、安全生产标准化等内容，建设集重大危险源监控信息、可燃有毒气体检测报警信息、企业安全风险分区信息、生产人员在岗在位信息和企业生产全流程管理信息等于一体的安全生产信息化管理平台，打造融通计算机端和移动端，搭建涵盖即时动态监测、维保联网、预测预警、辅助决策、应急指挥的立体防控体系，提升企业安全生产管理水平。

在能耗管理方面，通过物联网采集方式实时采集企业能耗数据，完善企业节能减排的基础数据统计体系，实现统一的在线排放数据核算和管理；建立科学完善的能源管理体系，按照计划、执行、检查、处理（Plan、Do、Check and Act，PDCA）的闭环管理建立实时动态监测考核控制的创新能耗管理模式，这有助于帮助企业在实时监测数据的基础上摸清能耗家底，为能源精细化管理提供有效的数据支撑；通过分析各生产过程中各班组、工段的实时能耗及排放，支撑企业决策实施各类技改项目。

📖 取得成效

解决方案完成江苏省某大型水泥生产企业 3 条生产线、571 个工业设备上云，实现统一的在线碳排放核算和管理，依托评估、对标及诊断分析支撑企业开展一系列技改措施，实现每吨熟料可比综合煤耗比改造前降低 4.23%，可比综合电耗比改造前降低 12.3%，综合经济效益达到亿元以上。

📖 商业推广模式

解决方案充分发挥工业 App 在线迭代优化、资源弹性拓展、按年灵活订阅、数据全栈管理等应用优势，打造服务闭环，按照"紧跟行业政策导向、主动融入市场环境、系统打造平台生态、加大对外宣传力度、积极开展专业运营"的原则进行市场推广和平台运营。

📖 **落地应用情况**

能耗管理类解决方案已在 150 多家大中型能耗企业推广应用；安全管控类解决方案已在南京市全面推广，并在招商局物流集团、林德集团等多个大型化工集团推广应用。

💡 **解决痛点二：运输设备事故损失大**

带式输送机普遍应用于煤矿行业，但由于带式输送机距离长、设备多、装机容量大，整个系统所消耗的电力及材料在生产成本中占有很大的比重，运输皮带纵向撕裂导致停产换带和修补现象时有发生，造成损失巨大，是各大煤矿亟须解决的问题。

宁夏广天夏电子科技有限公司研发可视化智能矿山综合管理解决方案，将视频分析、工业控制等系统集成在一起，利用机器视觉可视化检测手段解决带式输送机纵向撕裂导致的停产换带和修补现象，帮助矿山企业提升运输设备运转效率、提高生产安全管理水平。

案例 7-16　可视化智能矿山综合管理解决方案

📖 **解决方案做法**

解决方案包括带式输送机智能调速节能控制系统、带式输送机撕裂及物料堆积智能检测系统、带式输送机人员安全防护系统、斜井轨道等重点区域人员安全检测防护功能系统、全智能煤场管理系统五大核心模块。其中，带式输送机智能调速节能控制系统、带式输送机撕裂及物料堆积智能检测系统采用流量异常检测装置检测直线振动筛物料流量，在机器视觉分析技术与分析算法基础上，按照煤流量的不同对主运输带式输送机进行变频调速，实现煤炭运输启动方式由"逆流"启动向"顺流"启动转变，安全管控模式由"静态监视、事后追溯"向"预先报警与闭锁控制"转变，在预防皮带划伤和撕裂的同时实现调速节能。

📖 取得成效

公司在神华宁煤红柳煤矿部署的皮带机防撕裂检测系统可将撕裂检测率提升至60%以上，直接降低皮带机撕裂现象给企业造成的经济损失；根据第三方节能检测机构中国船级社的统计数据，在神华宁煤红柳煤矿对主运输系统5部胶带机进行改造后，综合节电率达43.79%，全年节省电费900余万元，减少耗材400余万元，全年减少成本支出1300余万元。

📖 商业推广模式

公司已切入全国核心煤炭产区（内蒙古、陕西、山西、宁夏、新疆等），与国内煤炭产量排名前10的巨头中的8家开展业务合作，市场份额达千亿元。后期将向可适用于涉及皮带运输的更多行业，如港口、电力、物流、仓储、煤炭开采加工等行业进行推广，应用前景广阔。

📖 **落地应用情况**

公司服务客户主要为国内各大国有企业、央企，目前服务的企业有国能集团、中煤能源集团、陕西煤业股份有限公司、阳泉煤业（集团）、晋煤集团、山东能源集团、兖矿集团等。

💡 **解决痛点三：大型网络安全管理难度大**

电力是工业发展的基础设施，然而，目前市场现有的漏洞扫描、安全检查工具等多针对通用系统和软件漏洞开发，无法较好地应用于电力业务系统，问题主要集中在：工具运行时占用带宽和系统资源过大，对要求较高实时性的电力监控系统运行造成干扰；基于规则匹配的漏洞扫描识别误报率高，且未覆盖电力应用软件、专用协议及专用安全防护设备的专有漏洞；部署方式固定、不便于携带；缺乏对疑似漏洞的验证能力等。

全球能源互联网研究院有限公司、南京理工大学、国网福建省电力公司联合研发了业内首款泛在电力物联网智能安全解决方案。

案例 7-17　泛在电力物联网智能安全解决方案

📖 **解决方案做法**

解决方案对电力系统运行干扰低，对电力专有漏洞识别率高，具有漏洞验证能力，支持灵活部署使用，以电力工业控制系统漏洞隐患智能"识别、验证、处置、预警"为主线，具有极强的专用性，能够快速精准地对电力系统的安全隐患进行排查。

解决方案主要包括1套电力工业控制系统专业漏洞库（电力专用漏洞扫描支撑库、电力专用漏洞渗透脚本库、通用漏洞检测专家经验库），4项电力工业控制系统智能安全工具（无损化电力漏洞扫描识别工具、智能化电力漏洞渗透验证工具、自动化电力系统安全核查工具、可视化电力系统风险预警工具），并且在多个模块中将强化学习、循环神经网络、自然语义理解等人工智能技术与网络安全问题实现有效结合。

解决方案部署方式包括高性能版在线部署、"单兵装备"版灵活部署，可满足数量众多、分布广泛的电力系统的漏洞处置需求。

📖 取得成效

在国网重庆电力智能变电站等业务系统中实现试点应用，在电力业务系统特有网络安全漏洞隐患识别、验证能力方面较传统信息系统网络安全产品具有显著优势；在国网江苏电力调度控制、智能变电站、光伏电站等业务系统中进行试点应用，电力网络设备资产识别率、专有漏洞识别率、漏洞渗透测试率等指标相较同类产品存在显著提升。

📖 商业推广模式

预计市场将覆盖国内34个省级行政单位，333个地市级城市，2800多个县级市，保守估计市场规模预计10亿元，并延伸至华能集团等五大发电集团下辖4万余座变电站。

📖 **落地应用情况**

解决方案已在国网江苏省、浙江省、四川省、福建省、重庆市电力公司等省级电网公司及连云港调度、江苏 220kV 三洋变电站、江苏青口光伏电站、重庆新农站等基层电力机构进行试点验证，整体试点应用情况良好。

💡 **解决痛点四：特殊地形工厂安全风险高**

我国地质灾害点多面广，危害巨大，近年来灾难性地质灾害事件频繁发生，造成重大人员伤亡和财产损失。大渡河是我国 13 大水电基地之一，地处青藏高原和四川盆地过渡带，且处于汶川、芦山地震震中区，区域地震地质灾害频发、水情气象复杂，严重威胁流域电站运行安全及沿线公共安全。同时，梯级电站群是国家重大基础设施，其安全运行关乎国家安危。

国电大渡河公司是集水电开发建设和运营管理于一体的大型流域水电开发公司，致力于应对多变的地理条件和气候因素，维护电站安全。

案例 7-18　工程安全风险智能管控解决方案

📖 **解决方案做法**

解决方案依托"空天地"一体化感知网络，研发地质灾害智能管控成套技术，构建基于"大感知、大传输、大存储、大计算、大分析"技术体系的地质灾害智能管控平台。

（1）打造数据"大感知"网络。开发一批面向流域全周期、全对象、全要素的物联感知技术，全流域自建105个水情遥测站点，实现流域电站及周边约2万个监测点每日数十万条多源数据的智能采集、传输、存储和交互，构建"空天地、水上水下"一体化的地质灾害多时空分辨的立体化动态监测体系。

（2）提升数据"大分析"水平。解决方案开发协同感知、查询与检索、实时分析检测、趋势分析、安全预警、智能可视化等一批中间服务组件，并在此基础上实现监测、水情、地震等大数据智能应用。建立风险动态评估指标体系，形成风险指标和度量标准。应用4个支撑库综合分析、预判边坡等地质灾害监控点安全状态，实现地质灾害风险分级预警与应急联动响应。

📖 **取得成效**

（1）成功预报并治理了流域重特大地质灾害危险点10处，有效预警流域沿线滑坡体大规模垮塌3次，其中2次避免了节日期间大车流状况下川藏生命线大规模边坡垮塌可能造成的特大生命财产损失。

（2）优化大岗山水电站郑家坪变形体原隧洞处理方案等，节省工程直接投资约3.8亿元。

（3）避免重特大安全事故损失及发电损失等间接经济效益约5.6亿元。

📖 **商业推广模式**

当前商业运作模式主要定位为"传感器产品推广+技术服务形式"或提供整套解决方案，可提供一站式数据分析、预警、管理服务或平台部署；建立了风险"感知—传输—识别—决策"智能管控体系，可提供一套通用型工程安全风险智能管控解决方案，也可依照特殊场景及需求进行产品定制化开发与出售，同时也为后期多源数据接入预留了接口。

📖 **落地应用情况**

解决方案在国家能源集团大渡河公司下属瀑电总厂、大岗山公司、成都大汇智联、江苏南水科技及中国电建集团华东勘测设计研究院等落地应用。

四、节能减排的需求：能源管理

工业生产对于能源资源的消耗强度高、消费规模大，在全球能源日益紧张、生态环境不断恶化的背景下，企业在能源管控方面的问题尤为突出。一方面，众多高能耗企业对用能情况所知甚少，用能粗放、不透明、效率低下，投入了大量的人力、物力、财力仍不能满足能源管控的需要；另一方面，部分能源生产企业产出效率较低、环保排放面临巨大压力，能源产品的生产品质也存在很大提升空间。

随着"绿水青山就是金山银山"理念的提出，运用工业互联网先进技术手段探索节能减排之道，已经成为企业、政府乃至全社会的共同责任。目前，工业互联网能耗管理主要存在两种典型模式。一是能耗诊断，提升企业能源管控能力。这种模式依托高耗能企业设备互联水平的强化，相关服务商通过实时采集能耗数据不断完善用能基础数据统计体系，开展线上能耗诊断、分析及管理，以一体化服务帮助用户企业突破能源管控瓶颈、实现可持续发展。二是通过预测仿真优化生产过程控制，推动企业生产方式绿色转型。通过对能源生产企业的实时数据采集，相关服务商还可对关键生产过程进行预测、诊断和仿真，提供生产参数优化建议，为用户企业带来安全生产、节能降耗、环保排放、品质提升的综合效益。

💡 解决痛点一：粗放式生产成本高

传统铸造行业发展相对粗放，铸造企业数字化、网络化、智能化程度偏低，严重影响行业发展，传统数字化工具已无法满足行业绿色智能的发展需求。

共享智能铸造产业创新中心有限公司建设了国家智能铸造产业创新中心，着力构筑"互联网+双创+绿色智能铸造"的产业生态，为铸造行业绿色化、智能化转型提供全套解决方案。

案例 7-19 "云+网+厂"绿色智能铸造解决方案

📖 解决方案做法

公司利用物联网、云计算、互联网等技术，构筑了"云＋网＋厂"的新一代铸造智能工厂架构。

"厂"是指铸造数字化车间/智能工厂，由智能单元和 MES 组成，智能单元包括生产设备、物流设备、物联网设备及智能单元控制与管理系统。"网"是指物联网，通过边缘计算技术进行数据加工处理，实现所有数据在底层设备与传感、信息管理系统、云平台之间的透明解析与互联互通。"云"是指铸造行业云平台——共享工业云，可接收"厂"端上传的数据，提供虚拟铸造、ERP、供应链管理、人力资源管理等 SaaS 管理解决方案。

📖 取得成效

采购业务上云后，采购效率提升 20%以上，库存降低 15%；产品设计上云后，工艺设计人才的培养周期从 28 个月降低到 10 个月，新产品研发一次成功率提高 50%以上，铸件产品综合废品率下降 15%左右；设备上云后，产品合格率提高近 1.5%，设备开动率提高近 4%。

📖 商业推广模式

公司建立了"云＋网＋厂"的新一代铸造智能工厂架构标准，通过"平台+子站""标准+示范"的复制推广模式，在铸造行业聚集区域（环渤海、长三角、京津冀等）建立共享工业云子站及智能铸造示范工厂，推动铸造行业转型升级。

　　📖 落地应用情况

　　公司在宁夏银川建成世界首个万吨级铸造 3D 打印成形智能工厂，发布 12 项团队标准，为 30 余家企业提供智能制造诊断服务，为中钢邢机、新兴铸管、徐工集团、烟台冰轮、福建神悦等 10 余家企业提供绿色智能制造（铸造）系统解决方案。解决方案中的共享工业云可提供低成本、快速部署、云端化 SaaS 软件和设备上云解决方案，已推进上云企业 3700 余家，并向其他细分领域复制搭建了 2 个工业互联网平台。

💡 解决痛点二：高能耗企业成本压力大

　　我国是建材生产大国，但是建材企业规模不大，中小企业较多，分布不够集中，竞争力相对比较弱；同时，作为传统制造业企业，信息化建设起步较晚，相关业务环节信息化孤岛现象弊端日益凸显，企业安全生产、节能减排、集约降耗、降本增效的管理目标和政策形势日渐严峻。

　　赛马物联科技（宁夏）有限公司积累建材行业领域经验，根据建材行业特点，为宁夏建材集团提供能耗优化解决方案。

案例 7-20　面向建材企业的能耗优化解决方案

📖 **解决方案做法**

解决方案完善网络基础建设，将多网接入和厂区无线 WiFi 覆盖进行有机融合，确保数据通信畅通。将物联网技术升级后的现场仪器仪表、DCS 运行数据、监控视频等发展为工业互联网的神经末梢，依托主数据编码和标准化管理，把企业生产全过程的各要素和环节组织起来，实现生产、物流、销售、服务全生命周期协同互动，建立生产、经营最佳秩序。

解决方案提升运行质量，实现实时对运行效能、能耗等指标进行多维度智能分析，结合专家的指导，打造"水泥好大夫"，促进精细化管理；优化构建"水泥+商混"管控平台；通过商砼企业调度系统，实现销售、调度、生产、运输定位管理一体化应用。让安全环保连接互联网，借助"e 安全"预警平台及 App 移动应用实现隐患排查、安全风险警示，作业票移动办理、审批，提高时效性；借助 AI 解放人工；通过 AI 实现监控、报警、安防、生产调度指挥平台一体化，为各企业提升运营指标提供保障。

📖 **取得成效**

解决方案降低能源消耗指标，单体 5000T/D 工厂近 3 年节约电费 1326 万元；公司有 2 条 2500T/D、1 条 5000 T/D 生产线，熟料综合电耗控制在 45 kW·h/t 左右；存货金额连续两年平均压减超过 10%，备品备件存货金额同比下降 8700 万元，水泥成本在消化原煤涨价 52.52 元/吨和销量下降 18% 的情况下仍然下降 3.33 元/吨。

📖 **商业推广模式**

解决方案面向宁夏建材集团内推广。

📖 **落地应用情况**

解决方案带动集团 8 家企业实现扁平化管理、一体化运营,2018
年实物劳动产出率较 2016 年提升 21%，员工人数较 2016 年下降
20%，较最高年份下降 64%，仅销售、地磅和库房人员就优化了 148
人，优化率为 86%。

💡 解决痛点三：分散能耗管理不易

高耗能企业具有规模大、设备多、设施分布广及现场环境复
杂的特点，传统的管理模式无法满足企业升级的需求，企业迫切
需要应用新技术、新理念、新思路来提升管理。

宁夏思睿能源管理科技有限公司自主研发基于大数据的工业
能源需求侧管控平台，帮助工业企业解决设备管控水平差、计量
监测点缺失、能源管理人员专业性差、电力能源交易能力薄弱的
突出问题。

案例 7-21　基于大数据的工业能源需求侧管控解决方案

📖 **解决方案做法**

(1) 通过企业能耗数据的全方位采集、传输、汇聚、分析和交互，
建立企业用能数据四级能源管理体系，设定各级能耗预警指标，将整

体能耗的变化追溯至最底层的某个设备，分析漏洞和不合理情况，提升设备效率；每 5 分钟采集一次电压、功率因数、负荷、2～31 次谐波、电压不平衡、电压暂降等 21 项电力和电能质量运行数据，开展智能化监测分析，实施电能质量治理和调整负荷配置，综合节电率高达 10%。

（2）建设能源在线服务暨响应中心，线上能源数据专家库根据预设的算法策略，按照工业企业生产周期出具能源数据的统计分析报告；线下专家团队根据统计报告，进行专项节能诊断，制定改造方案，实施技改工程并对改造效果进行跟踪评价，形成一套综合能源软服务模式。

（3）建设能源共享服务中心，将企业间动力部门人员进行整合共享，打造技术精湛、专业过硬的线下服务团队，进行线上快速派单，实现企业动力运维由独立第三方托管；代理用户参与能源交易，帮助用户争取更大的电价让利。

📖 **取得成效**

解决方案在帮助企业降本增效方面具有显著的经济效益，通过管理提升和能效对标，可实现全厂综合节能 15% 以上；单体技改项目节能率达到 30% 左右；能源托管及运维项目直接降低动力运行人力成本 40%，降低变压器异常跳闸事故率 50% 以上；通过平台提供电力直接交易，平均优惠价差 0.015 元/度。此外，平台工业运行板块可对宁夏区域的能源实时运行数据进行分地区、分行业统计，有助于促进该区域两化融合和产业结构调整，带动该区域工业企业实现转型升级。

📖 商业推广模式

推广对象包括：工业用能企业，重点是高耗能工业行业，逐步向商业综合体和大型公共建筑拓展；工业园区；能源互联网服务机构，技改合同能源管理服务商、工程施工单位、项目设计单位等。

📖 落地应用情况

解决方案目前已推广到宁夏区域内160余家工业用户，涉及冶金、化工、钢铁、有色金属、建材、煤炭、制造、纺织等行业，年代理交易电量达100亿度。

💡 解决痛点四：用能"跑冒滴漏"

在能源日益紧张、能源资源消耗强度高、消费规模大且生态环境不断恶化的大背景下，企业用能缺乏有效管理，问题尤为突出，众多企业对整体用能节能所知甚少，用能粗放不透明、跑冒滴漏现象严重、效率低下，投入大量人力、物力、财力仍不能满足企业运营管理的需要。

天纳能源科技（上海）有限公司（简称"天纳能源"）专注于需求侧能源管理及能效提升，针对不同行业、不同企业提供个性化的能源管理方案。

案例 7-22　基于综合能源智慧管理平台的能效提升解决方案

📖 **解决方案做法**

解决方案通过"平台加应用"的模式提供一站式线上线下用能管家服务，为企业的规划、建设、管理提供信息保障和决策支持。其中，核心平台"综合能源智慧管理平台"可利用各种智能传感器和用能表计采集的设备运行参数实现基于地理信息的多业务内容分层、分类查询、分析及可视化、模型化展现，主要功能模块包括实时监测、用能分析、电能质量分析、运行环境、数据查询、能效对标管理、决策分析、报表服务、告警中心、决策分析、用能报告等。平台应用层包含能源可视化、能源统计优化分析、节能专家诊断与改造、电能质量分析、系统管理等多个子系统，可实现分层次、分级别、分权限的能源数据应用。

📖 **取得成效**

以数据自动采集取代传统的人工抄表方式，提高企业运行管理效率；通过对用电、用水、用气、环境及相关其他能耗介质的自动监测，加强用能的安全性、可靠性，减少能源"跑冒滴漏"等现象，直接节能 3%～8%。

通过生产过程动态监测与能耗指标评估、能源消耗结构分析、能源消耗成本分摊功能的有机结合，为企业设备及生产管理人员提供决策支持，帮助企业发现生产工艺和流程上的问题，实现企业内部的精益管理，提高生产效率，进一步节能 3%～6%。

通过对重点能耗设备的能效诊断、运行效率分析、故障分析，在大数据采集和分析的基础上对各种用能设备进行预测性维护，对各种可能发生的故障征兆提前告知、提前排除。

📖 **商业推广模式**

解决方案以上海用户为试点中心，从重点用能企业作为示范应用，直至全国乃至国外任何有能源管理需求的行业、企业、园区、商业体。

📖 **落地应用情况**

围绕"基于综合能源智慧管理平台的能效提升解决方案"及"平台加应用"模式，天纳能源近 3 年内接入企业数量已近百家。应用解决方案的上海申美饮料食品有限公司（可口可乐）"工业领域电力需求侧管理"项目作为上海市唯一推荐单位荣获国家电力需求侧管理 AAA 级示范企业称号。

💡 解决痛点五：热电生产效率较低

热电生产行业特别是中等规模和小规模热电生产企业，其生产过程信息化水平参差不齐，自动化程度不一，热电生产效率较低，环保排放面临巨大压力，生产品质还有很大提升空间，迫切需要提升效率、降低成本、保障环保的智能化产品。

上海全应科技有限公司研发的全应科技智慧热能云解决方案，可在线优化热电生产参数，为客户带来安全生产、节能降耗、环保排放和品质提升的综合效益。

案例 7-23 智慧热能云解决方案

📖 **解决方案做法**

解决方案通过采集热电厂全局生产数据、加密传输到云端服务器，建立热电生产过程的数字孪生体系，对热电生产过程进行预测和仿真，基于人工智能在线寻找安全、环保、满足客户需求等约束条件下生产效率最高的生产控制参数。人工智能引擎以数字孪生为基础，引入知识智能（热能工业机理、专家知识）和数据智能（机器学习、深度学习），达到对热电生产全过程的精准控制、精准维护、精准运营。

(1) 人工智能司炉：通过建立锅炉的数字孪生，7×24 小时根据实时燃煤品质、用户需求波动、生产设备工况等因素找到最优生产参数。现场司炉人员根据系统给出提示值进行司炉，即可在安全平稳运行的基础上，达到能效最优、氮氧化物排放最低的效果。

(2) 人工智能司机：通过建立汽轮机的数字孪生，实时寻找汽轮机的最优生产控制参数。

(3) 人工智能管网：通过建立蒸汽管网和用户侧的数字孪生，实时寻找最优出口蒸汽参数。

📖 **取得成效**

通过人工智能司炉、人工智能司机和人工智能管网模块优化热电生产工艺，每年可节省燃料费用 3%～5%，中等规模的热电企业每年节省燃料成本 500 万～1000 万元。

📖 商业推广模式

采用 SaaS 服务的方式，产品报价包括云软件授权费和边缘控制器费用的一次性费用，以及数据驱动服务费的每年费用两部分，可在为客户优化生产控制参数、提供节能服务的基础上，每年持续向客户收取数据驱动服务费。同时，由于解决方案基于一个弹性扩展的工业互联网平台打造，具备完整的自主开发的 PaaS 和 SaaS 架构，是"云计算＋边缘计算"的通用计算体系，并且企业已经掌握高能耗流程行业生产工艺优化的方法论，除热电行业外，也具备快速向水泥、化工等高能耗行业复制的能力。

📖 落地应用情况

目前聚焦于热电生产行业，已在陕西某新型热能公司、江苏某大型服装集团热电厂得到小规模商用检验，即将进行大规模复制推广。

第八章

社会化资源协作：创新的动力

一、概述

在经济全球化和高新技术迅速发展的大背景下，全球生产模式正面临变革，各产业发展重心已经逐步从上游资源向下游需求转变，多品种、小批量成为当前的主流生产模式。如何应对挑战、提高柔性化生产能力，成为我国传统制造业亟须解决的问题之一。我国制造业当前普遍面临信息化水平低、中小企业占比高、产能过剩、供需不匹配、监管不到位等一系列问题，而庞大的企业量级也意味着单点改造、逐一升级并不适用于我国工业大环境，需要更大范围的社会化资源协作。

社会化资源协作是企业转型升级的创新模式，通过融合工业、金融、服务等领域，整合产业链、价值链资源，推动企业业务转型与商业模式创新。跨部门、跨企业、跨行业的数据汇聚和共享能为工业发展带来新机遇，如通过消除传统金融和实体经济之间的信息壁垒，提高金融机构服务实体经济的能力和意愿。不过，由于社会化资源协作涉及多个主体，数据的归属权、利益分配、信息安全等问题还没有得到有效解决，这部分基于工业互联网的新业务、新模式、新业态仅在特定行业和领域出现，普及难度较大。

二、用户参与：个性化定制

　　个性化定制场景案例涉及工业品、消费品、农产品等，这些领域的需求都具备多元化及不同程度的分散化特征，需要可以整合协同资源的平台或生态。目前，工业企业面临"无法及时响应市场瞬息万变的需求""无法满足用户端个性定制的需求"等问题，而这类痛点伴随的关联性问题则包括因供应链协同不足导致的生产效率低、生产周期长、运营成本高、产品质量不稳定等。对此，个性化定制解决方案借助平台的力量进行灵活生产和柔性生产，同时在某种程度上搭建一个更大的生态系统，通过收集、分析和利用各类数据，精准反映市场和用户需求，实现小批量多种类需求背景下的大规模定制化生产，进而降本增效、提升用户端的满意度等。可以说，智能化、数字化是定制化、柔性化的必然条件和驱动结果，更好的发展取决于更广泛、更高效的合作，而个性化定制场景解决方案即是尽可能地让信息反馈效用最大化，从而令传统上"由制造商指向用户端"的单行线转变为相互反馈的双行机制。

　　互联、逆向回溯、产业链生态等个性化定制解决方案与工业互联网领域的应用特征相互关联。互联是个性化定制解决方案的前提条件和必然要求；而逆向回溯是个性化定制的精髓和中心思想，需要在互联的背景下才能实现；产业链生态是个性化定制解决方案的支撑和保障，能够显著强化互联、创造更多价值，同时让逆向回溯不只局限在消费品领域，而是面向全产业链的行业和领域提供更多可能。可以说，个性化定制解决方案的主体无论是制造商还是第三方平台，其根本路径都是利用数字技术让信息反馈效用最大化，从而快速精准地满足用户和市场需求。

💡 解决痛点一：从代工到品牌化转型难

我国制鞋行业面临制造模式陈旧，行业劳动强度大、生产效率低、工作环境差、产品档次低、中高端产品少等一系列问题，与发达国家同类产业形成鲜明反差。与此同时，随着中国人口红利的逐渐下降，制鞋产业低成本竞争优势正快速消失，面临新一轮产业转移。高端产品赚取超额利润，产品供不应求，产业生机勃勃；低端产品仅赚取微薄利润，产能过剩，向欠发达国家转移求生存，整个行业面临生存挑战。

莆田市有超过 4000 家鞋企，订单加工型鞋企占比达到 70%，且订单加工未来一段时间内仍是莆田制鞋的主要生产模式。但是，以低附加值为主的代工模式占比大，在设计研发、产品销售方面的欠缺制约了行业的整体发展。此外，企业生产制造效率不高、生产管理水平低，为谋求长久发展，需要由传统代工生产模式向大规模个性化定制模式转变。

中电（福建）工业互联网研究院有限公司（简称"中电福建院"）基于中电工业互联网平台（BachOS），结合莆田本地产业结构特点，构建鞋服行业大规模个性化定制解决方案。

案例 8-1 鞋服行业大规模个性化定制解决方案

📖 **解决方案做法**

个性化定制需要精确的客户数据，但是手工测量得出的数据不能用于标准化的工业生产，这也是工业标准化与个性化定制之间最大的不同。在数据标准化处理方面，采用数据建模的方式，将积累的客户定制数据（鞋底、鞋面等数据）组建成一个拥有各种设计和款式组合的数据库；在前端采用智能测量仪测量精准的数据，由大数据定制中心生成脚型三维模型数据，将客户的个性化脚型信息转变为尺码、规格、排料图、生产工艺指导书、物料清单等各种标准化数据，为用户提供适宜的定制鞋，提升运营效率与消费体验；同时通过阿里巴巴、京东等平台反馈出来的流行鞋款数据，厂家根据数据研发生产新款流行鞋类，并打造爆款。

📖 **取得成效**

解决方案打破传统最小订单量要求，在同等成本下，实现单件流生产；单件产品生产周期不超过 2 小时，并实现混色、混款同时在线生产；产品不良品率降低 60%；通过按需生产、即时发货，实现成品鞋零库存，最终达到 1500 双/天的个性化定制鞋的生产能力。

📖 商业推广模式

解决方案为莆田鞋服行业提供标准化应用服务和信息服务，为企业提供物联设备接入服务和个性化创新应用开发测试服务，通过实现对海量异构数据的集成、存储与计算，解决工业数据处理爆发式增长与现有工业系统计算能力不相匹配的问题，带动传统鞋业向智能制造、产品创新、渠道变革等方向转型。此外，可基于聚焦制鞋行业的工业互联网平台，针对工业企业集成开发从资源管理、设计研发、营销售后、仓储物流到企业办公等全流程工业应用，在中小企业中复制推广。

📖 落地应用情况

中电福建院立足福建，面向全省制鞋企业重点打造大规模定制项目省级示范企业，辐射周边城市（温州、广州等）乃至全国，为企业提供全方位标准化的应用服务和信息服务。

💡 解决痛点二：生产响应需求精准度低

中国肥料生产行业已形成规模大、种类多、产品全、覆盖范围广的全产业链生产经营模式，但仍面临诸多问题，包括需求响应速度慢，欠缺精准生产；生产协同性差，运营管理效率低；支撑服务不足，用户无法直接与专家对话；销售渠道仍较传统，尚未充分利用电商销售的潜力等。

安徽省文胜生物工程股份有限公司（简称"文胜生物"）建立"县级服务平台+乡镇合伙人+科技示范户"线上线下融合的新型功能性生物配方肥个性化定制服务体系。

案例 8-2　配方肥定制"金三角"模式解决方案

📖 **解决方案做法**

在技术方面，解决方案通过安全工业互联网、精准数据采集、柔性数字工位搭建、车间级数字化管理云平台、工业级微应用App推广等实现协同化制造和营销。

在功能方面，解决方案创新流程层架构、设备联网与异质数据采集、多源数据汇集功能及定制化管理接入功能，实现各级流程标准化、数据格式转换和远程接入、资源优化配置和端到端数据集成与应用。

解决方案采取"智能工厂管理模式"以实现自动化、智能化工厂管理，发展"测土配方施肥模式"以存储查询测土数据、生成管理施肥配方，同时推进"互联网+供应链资源协同配方肥定制云模式"开展多渠道数据分析，精准服务用户。

📖 **取得成效**

近3年来，解决方案帮助企业实现收入41521万元，利润3373万元，为农民节本增效10多亿元，同时培育了1000多家乡镇合伙人，带动传统农资经销商转型升级，并直接和间接帮扶 100 多个行政村脱贫致富。

📖 商业推广模式

解决方案赋能中间商、服务标准化、提升附加值，打通供需，连接专家、工厂和创客，满足千万家用户和规模种植的用肥需求。解决方案采用"不放生产，抓住平台，向数据要效益"的盈利模式，包括结合数字化、信息化搭建配方肥生产新模式并向化肥生产企业推广；依托配方肥定制云平台，利用专家、市场和生产资源等信息获取利益；提供农艺、气候、土层和土质的大数据服务获取长期利润；利用区块链，用户提供相应的计算资源换取优先接入数据服务的权利，并完善权利交易体系。

📖 落地应用情况

解决方案已服务 100 多万家用户，在 1100 多万亩土地上施用新型功能性生物配方肥。

💡 解决痛点三：消费与生产的数据孤岛

随着国内消费升级的需求上升，消费品生产企业面临国外品牌压价、同行恶性竞争、资金周转困难等问题，迫切需要跟踪了解消费者需求和市场变化。同时，消费互联网汇聚了大量消费者数据，没能传递到产业领域，导致消费品个性化定制需求高涨，供给不足。

网易严选从消费侧切入，基于互联网思维和技术创新商业模式，打造消费品的个性化定制解决方案。

案例 8-3　消费侧逆向回溯解决方案

📖 **解决方案做法**

解决方案投入建设柔性供应链、利用消费大数据帮助制造企业感知市场动态变化；从生产源头深度介入、剔除层层溢价和中间环节，提供高性价比产品；融合线上线下新技术，实现互联网零售体验、数字化门店管理等无障碍一体化零售体系；在产品质量方面，建立健全多维度抽检体系，全程溯源，进行全产业链监控并承诺承担全部责任。此外，同制造供应商建立合作关系，采取专项扶持措施，为制造商压款提供利息。

📖 **取得成效**

预计到 2020 年上半年可实现平均库存周转率同比提升 20%以上；供应链综合成本同比降低 20%以上；订单服务满意度达到 95%以上；重点制造供应商产品质量合格率达到 98%以上；物流环节托盘、周转箱等物流单元标准化率达到 90%以上；供应链重点用户系统数据对接畅通率达到 99%以上；单元化物流占供应链物流比例同比提高 12%以上，实现"小单快返"的智慧柔性供应链。

📖 **商业推广模式**

解决方案严格筛选并按照严选标准与制造业供应商建立战略合作

关系，赋能制造业企业不断转型升级，协同制造企业解决生产、销售渠道、品牌和资金方面的困难和问题，已经得到市场的充分认可，这一模式也在被不断效仿和推广，带动和促进精品电商的兴起，不断为消费者提供高质量、平价的精选商品。

📖 **落地应用情况**

自 2016 年成立以来，网易严选考察广东、浙江、江苏、山东等地的制造企业共 3000 余家，正式签约 800 多家，达成战略合作 500 多家。制造业供应商遍布全国 25 个省市，集中在长三角和珠三角地区。

三、产业链协同：资源配置效率提升

由于企业内部和企业间的信息系统大多处于割裂状态，数据无处可汇，无法实现信息资源的集中管理与分析，各行业积极布局工业互联网平台，以平台为信息枢纽，以产业链协同应用为抓手，打破产业链上各主体之间的信息壁垒，做到集生产、经营、管理、服务为一体的全产业链协同决策，减少信息不对称导致的供需错配，降低生产成本、库存成本和交易成本，提高资源配置效率，实现合作共赢。

产业链协同解决方案主要有以下 3 种模式。

一是核心企业带动上下游企业进行产业链资源优化配置，实现服务化转型。产业核心企业深耕行业多年，具备深厚的工业沉淀，且自身信息化水平较高，转型经验较为丰富，具有示范引领作用。同时由于市场竞争格局的转变，已经从单个企业之间的竞争升级为产业链之间的竞争，企业间的界限开始模糊化，大企业无法再独善其身，需要发挥主观能动性，积极带动上下游企业进行产业链资源优化配置，推动传统制造模式向共享型制造新模式转变，引导产业升级，从而实现共赢。因此，各企业开始自建工业互联网平台，以求以平台为媒介，打通产业链上下游，通过良好的协同效应，来提升企业整体竞争力，同时帮助企业从传统制造商向解决方案服务商转型，开拓新业务、探索新盈利模式，进一步增强企业自身抗风险能力。

二是中小企业以平台为媒介协作共赢，提升产业整体竞争优势。我国制造业，尤其是机械、采矿、纺织、食品等属于典型的劳动密集型行业，中小企业占比高、信息化水平低、行业竞争压力大，急需转型升级，以适应市场发展。通过工业互联网平台实现产业链协同应用，一方面可以用较低的成本提高企业信息化、智能化水平，实现产业整体智能化改造，提高企业竞争力；另一方面可以整合各方资源，优化分工，有效对接外部市场需求，对行业产能情况进行灵活、有效的调度，促进产业上下游优化协调运行，最终实现整体高质量发展。

三是政府推动区域应用，实现政企高效连接。在部分地区，政府为了更好地对区域内工业企业进行监管，会联合企业搭建产业级工业互联网平台，推进监管体制和产业链的高效融合。一方面区域内企业可以通过平台进行信息交互和产能共享，缩短交易周期，保障交易流程，提高产业链整体的效率和效益；另一方面有利于政府宏观调控，保障市场良好运作，同时对区域内经济社会发展、优化产业结构、提升产业素质、拓展增收渠道有极大的促进作用。

💡 解决痛点一：长产业链分散管理难

在食品行业上下游企业间，尤其是种植企业与加工企业间，信息化能力技术不匹配，信息不能及时、充分共享，全供应链涉及由坚果原材料种植、采购直到交货发运的全过程，另外还要考虑回收物流中可再利用的部分，同时考虑生产和发运的成本及约束，涉及的决策变量分布在全世界，数量可达上百万个。

三只松鼠股份有限公司作为食品品牌商，整合从种植企业、加工生产、包装物流、销售服务等各环节中小企业，形成食品行业的产业链协同。

案例 8-4　食品全产业链协同制造应用案例

📖 **解决方案做法**

解决方案围绕食品全链路产业的云制造平台搭建，通过 IoT 技术采集产业链核心生产数据，实现 550 种以上不同类型和型号的工业设备接入云端平台和进行远程管理，工业设备有效数据采集率达 90%以上，形成食品数据转换产品与系统解决方案；采用数字孪生技术为产品加工提供动态决策信息，反映对应产品生产的全生命周期过程，最终实现开放、协作、联系、共享的远程管理。

📖 **取得成效**

生产数据自动采集率达到 90%以上、数据采集分析系统与制造执行系统（MES）之间的数据自动传输率达到100%。整体提升生产管理效能 30%；通过基于食品全产业工业互联网平台的精益生产管控手段，原材料库存降低 30%，在制品库存降低 50%，产成品库存降低 10%，根据以上核算，整体库存资金占用费用约降低 35%；通过基于食品全产业工业互联网平台质量数据分析与决策支持手段，持续提升产品设计与制造质量，产品良品率提高至99%以上。

📖 **商业推广模式**

解决方案可在食品行业应用推广，目前已应用于三只松鼠上下游企业近 600 家，其中食品类供应商 311 家、辅料类供应商 166 家、物流及其他供应商 142 家。

📖 落地应用情况

解决方案已在合肥磊强食品等 300 余家供应链上下游企业开展应用。

💡 解决痛点二：繁杂零部件管理难

在全球车市趋缓的大环境下，主机厂层面已经出现了缩减成本、关闭工厂等趋势，市场压力也将传导到上游的零部件企业。

核心零部件提供商面对配套厂商多、协同难度高及汽车全生命周期质量追溯等各种挑战，企业在面对批次型、生产线型、工序流转型、工序派工型、全连续型等不同的制造模式时，不同类型模式对制造过程的管控方式不同，大型制造企业往往同时包含多种制造模式，而对于不同模式的共通部分，企业有集中管理的需求。同时，对产品的个性化定制要求也越来越多，产品、工艺、设备、管理方式都因为要响应个性化的需求而产生调整和变化。

用友网络科技股份有限公司（简称"用友"）基于多年供应链管理经验，为上汽大众汽车的零部件供应商新朋联众提供产业链协同解决方案。

案例 8-5 汽车零部件产业链协同制造解决方案

📖 **解决方案做法**

解决方案实现了从主机厂接单到计划下达、供应商接单、供应商发货、现场收货、散件入库、散件消耗、总成入库及总成发货的全流程应用；通过对工厂内设备进行网络重构与升级，实时采集每台设备的工作信息，并与订单、工艺关联，做工业大数据分析与挖掘，实现现场产线实时监控、实时报警；通过 EDI 接口、供应商协同系统、劳务工系统，汽配企业与整车厂、供应商、劳务公司、运输公司实现了在线协同；系统全面接轨移动应用，管理人员通过 App 随时随地查看设备综合利用率（OEE）、设备能力指数（CMK）、单台消耗工时（VBZ）、生产异常、实时物流、实时产线、实时质量等信息；通过唯一标识产品与生产资源、实时采集生产大数据，能够进行产品的全生命周期追溯。

📖 **取得成效**

解决方案连接设备 1800 台，月均采集设备数据 240 亿条；实现与大众整车厂、26 家设备供应商、99 家散件供应商、15 家劳务公司的在线协同，日均物料吞吐量约 65 万件；产量增加 22%、人员减少 31%、缺陷从 3‰下降到 1‰。

📖 **商业推广模式**

用户反馈与应用效果良好，形成了适合汽车零部件行业的多系统集成互联的一体化解决方案，对外实现主机厂、供应商、物流商信息共享，对内实现多地点、多工厂互联互通，对汽车零部件行业具有重要意义和推广价值。

　　📖 **落地应用情况**

　　解决方案已在上海新朋联众零部件公司的 4 家属地工厂落地应用。

💡 解决痛点三：生产和销售匹配水平低

　　目前，肥料制造行业整体仍处于粗放式制造生产阶段，上下游企业协作困难、企业服务和用户规模不匹配导致用户需求响应不及时及企业内部管理不够现代化等多重原因造成肥料生产成本和农产品生产成本过高；农户过度施肥造成环境污染和极大浪费，导致产品品质不高，在市场上的可持续竞争能力不足；再加上农业收益并不丰厚，赊销严重等问题。

　　安徽省司尔特肥业股份有限公司从用户需求驱动到原材料供应、产品设计、定制生产、线上线下智慧营销和全产业链知识供给智慧服务。

案例 8-6　肥料全产业链协同制造解决方案

　　📖 **解决方案做法**

　　解决方案对供应链涉及的供应商、分销商和农户等角色各环节进行综合管理，加强从采购、物料管理、生产、配送、营销到消费者的整个供应链的货物流、信息流和资金流的控制，降低采购、物流与库存成本，提升化肥生产供应链的整体效率；通过仿真验证融合产品数字化设计研发过程，在生产环节实现自动智能排产，在使用环节实现健康管理和智能服务，并通过企业生产与用户使用数据的反馈提升产品设计和服务方式，实现企业与用户的无缝对接，形成满足用户需求的个性化定制方案，提升产品价值，增强用户黏性。

📖 **取得成效**

解决方案已经为江苏、安徽、江西、河南、河北、湖南、山东等产品覆盖省份8万种田大户提供了个性化定制、施肥指导和产量预测服务，获得有效数据10万余条，给出生产指导数据近万条；已研发出基于配比（总养分）、适用作物、净含量等差异化因素共9大类、近400个配比规格的各类高浓度缓释复合肥、测土配方肥、高端水溶肥、全元生物有机肥等产品，根据用户反馈的产品信息需求，定制平台与企业研发设计、计划排产、柔性制造、营销管理、物流配送和售后服务等系统分别实现了有效协同、降本增效，有效提升了对客户需求的响应度、产品生产效率和用户体验度，达到快速、低成本满足用户个性化需求的目标。

📖 **商业推广模式**

解决方案形成了产品研发设计、企业生产经营管理、企业内部和企业上下游之间资源配置协同等系列平台和工业App应用，探索出"平台＋肥料制"新模式、新业态。可推广到农药、种子等季节消耗性农业生产资料的大规模个性化定制推广应用中，对全国范围内农业生产资料的个性化定制生产制造具有指导意义，能够为政府引导农业生产提供合理化需求建议及服务支撑。

　　📖 落地应用情况

　　解决方案已在安徽康龙农资贸易有限公司、安徽昊源化工集团有限公司等企业落地应用。

💡 解决痛点四：小批量多品种生产成本高

　　钢板切割行业具备多品种、小批量、业务季节性波动大、定制化钢板切板件需求多、材料多样化的业务特点。从行业整体来看，零散供货、散单、小单供货等运营成本高，行业综合利润率为 4.7%，设备综合稼动率低于 40%，材料利用率平均低于 70%；因材料采购周期长，需要凭经验做材料备库存，增加了资金占用成本及库存量。

　　分析可知，这些行业痛点主要来源于行业中不同主体需求不能有效整合：对于钢板厂商类企业，零散供货、散单、小单供货等问题会增加运营成本、降低利润；对于钢板切割加工企业，人工接单、手动排版制图、人工编程、出货物流等孤立环节耗时长、差错率高，订单也大多数是散单，无法实现连续生产，材料利用率低；对于金属加工制造类企业，需要自行采购原材料加工或委托切割工厂加工等，设备稼动率低。

　　嘉兴云切供应链管理有限公司依托互联网+云计算功能与现代物流技术，建立互联、智慧、环保、可靠的钢板切割工业互联网平台，实现线上销售与钢板切割产业链共享资源的有效整合。

案例 8-7　基于智能匹配算法的钢板切割分享制造解决方案

　　📖 **解决方案做法**

　　解决方案通过应用多平台协同技术，实现流程智能化及数据实时化；通过互联网、大数据、云计算、物联网的流程管理技术，匹配关键序列；通过自动套料软件算法集成技术，实现自动、快速、批量、高效识别套料。

　　📖 **取得成效**

　　材料利用率提高 10%以上，从原来的 70%左右提高到 80%以上；设备稼动率提高并稳定到 90%以上，与原来相比提高近 1 倍；依托自动套料软件，套料效率大大提升，套料时间从原来的 15 分钟减少至 1 分钟；制造周期缩短 10%～30%，交货周期从原来的 7 天以上缩短至 3～5 天。

　　📖 **商业推广模式**

　　解决方案采用"互联网+"智能制造模式，实现传统钢板切割行业的互联网定制，把上游钢板切板件的客户需求和下游的钢板切割加工厂、钢材贸易商、物流公司融合到平台上，协同制造。目前，解决方案已在工程机械、风力发电机、焊接自动化、电梯等行业落地应用，未来可应用于机械制造业，包括轨道交通、车辆制造、船舶制造等行业。

📖 **落地应用情况**

解决方案已在凯斯特（滁州）工程设备有限公司、上海申彦通讯设备制造有限公司落地应用。

四、跨界协作：向其他行业延伸

工业互联网平台的重要作用是快速而有效地将经验复制推广，这种复制推广可以在行业内，也可以跨行业协作。部分工业互联网平台正在以解决方案的形式向其他行业实现模式输出，通过与行业龙头合作、发挥上下游整合能力等方式，帮助其他行业应用新技术、新方法打通产业界限，以高效服务提升产业制造水平。这种跨行业协作通常先在制造领域实现跨行业模式输出，再进一步利用数据实现跨行业协作。以海尔智慧房车露营生态解决方案为例，2018 年，海尔向房车行业输出个性化定制解决方案，提升房车行业生产效率；2019 年，海尔基于房车行业的应用数据，进军旅游业，打造房车露营生态。

💡 解决痛点一：跨界信息孤岛

房车是一类特殊汽车行业，有定制化程度和服务化要求的双高需求，房车生产与使用分属制造行业和旅游业，管理和运营模式均不相同，合作难度较大。

传统房车制造和改装企业缺乏直面用户的渠道，流动资金压力很大，普遍存在定制需求多、数量少及采购成本高、账期长等核心问题，无法高质量、低成本、灵活地满足用户个性化的定制需求；房车租赁旅行企业没有高效的房车租赁系统，缺乏线下服务及成熟的管理经验和意识，用户服务意识差；房车露营地企业没有专业的业务运营和资产管理系统，缺乏忠实用户运营和精准用户引流经验。总体来说，割裂的服务使得用户买了车但不知道怎么玩、去哪儿玩、到哪儿补给等，而企业也无法实现房车生产、租车、运营、商超、供应链等多业态的有效联动管理和运营，房车露营企业业务经营效率很低，没有形成创新性的商业模式，创收能力差。

海尔集团以房车互联工厂为切入点，以智慧房车和智慧营地为触点，创建房车行业以用户需求为中心的全球引领的物联生态品牌。

案例 8-8　智慧房车露营生态解决方案

📖 **解决方案做法**

解决方案根据出行场景和车载要求全新设计开发，采用工业级传感器、车规设备和触控屏，设备之间采用更可靠的有线连接，可以采集房车内水箱、电池等专用设备数据；操控界面和交互场景更加适合车载使用。目前，房车实现物联车载网关、ADAS 辅助驾驶、360°全景车身环视、导航、智慧家电、温湿度计、水位计、报警器、感应器等百余种智能终端和传感器设备。支持 4G 和最新 5G 通信技术，设计了工业级车载无线通信信号增强功能，支持微弱信号的可靠通信，支持全屋语音智能交互和 App 远程操控房车设备设施。车内所有智能设备和行驶数据都可以远程上传到车联网平台，实现远程实时定位车辆、设备管理、预警管理、大数据处理、云计算。

📖 取得成效

解决方案已经吸引了 150 余家房车上下游企业，200 余个营地生态入驻 SINDAR 平台，获得近百万精准 C 端用户注册使用，通过 SINDAR 智慧出行整体解决方案专业有效的管理，房车生产企业实现订单增幅 62%，订单交付周期由原来的 35 天降低到 20 天，产品成本下降 7.3%；房车营地的住宿率提升 25%，管理及服务人员成本下降 10%，营地业态的改善让营地产品溢价 40%；为房车及露营企业实现增加创收 50% 以上。

📖 商业推广模式

解决方案通过智慧房车露营生态物联平台使需求端和供给端零距离交互，为房车露营全产业链提供技术赋能、渠道赋能，共同打造创新型的多方共赢的行业生态。现阶段盈利模式包括以下几种：

（1）销售房车互联工厂供应链大宗物料、零配件、家电、境内/跨境物流服务、售后服务。

（2）销售房车营地管理服务和托管运营服务。

（3）销售智慧房车/物联网产品和解决方案。

（4）销售专业房车露营管理软件和 SaaS 软件平台订阅服务。

（5）销售房车露营行业专业咨询服务，自动化、信息化集成项目。

（6）销售房车露营专业平台精准广告位，行业专业数据分析报告、数据分析服务，行业安全监控服务。

📖 落地应用情况

解决方案已在荣成康派斯新能源车辆股份有限公司和新疆房车营地文化旅游公司落地应用。

💡 解决痛点二：多领域大数据管理难

新能源汽车行业发展迅猛，车企与车型繁多，数据格式与接口形式各异，大数据跨平台、跨领域共享难。

大数据是新能源汽车数字化变革、智能网联发展的基础，是国家对新能源汽车产品准入、质量监督、安全监管、补贴核算、减排评估等实施管控的必需手段。

北京理工新源信息科技有限公司专业从事新能源汽车车联网应用与服务，提供新能源汽车大数据监管体系解决方案。

案例 8-9 新能源汽车大数据监管体系解决方案

📖 **解决方案做法**

解决方案通过通信、信息、电子控制、网络、定位和 GIS 等技术，构建了高扩展、松耦合、安全高效的新能源汽车大数据平台技术体系，提供从"阈值"超限到"参数变化率"异常报警，以及"多参数融合模型"故障预测的"值-率-模型"系统化新能源汽车故障诊断及预测服务，挖掘充电、出行规律，整车和动力电池、驱动电机等关键部件性能变化、故障演化规律，实现了应用场景数字化、概率化表达，探索新能源汽车设计集成、匹配优化新路径。

解决方案通过新能源汽车大数据和信息共享平台的资源汇聚与开放共享，实现公共应用的新能源汽车技术状态和应用状态、充电设施状态信息共享，促进新能源汽车共享共用和互联互通，为车联网应用提供技术和数据支撑。基于实时数据开展分时租赁、充电站智能充电等新型汽车服务业务，优化资源配置，提高车辆的使用效率，改善充电服务质量。在大数据分析和应用方面，为互联网应用、保险、无人驾驶、智慧城市等新业态提供数据桥梁和落地产品。

📖 **取得成效**

解决方案实现安全事故精准预测（准确率＞80%）；终端技术升级和应用规模扩大，单车终端价格平均降低 500 元；通过远程更新的功能，节省 VCU、TBOX 等软件售后更新成本，按每辆车每年更新一次计算，每年每辆车平均节省 2 小时约 200 元人工费用。

📖 **商业推广模式**

解决方案面向近 90 家汽车生产企业推广，并与北汽、上汽、广汽、比亚迪、长安新能源、吉利、东风、奇瑞等主流新能源汽车整车企业建立了长期的合作伙伴关系。

📖 **落地应用情况**

解决方案已在浙江吉利新能源商用车集团有限公司、上汽通用五菱汽车股份有限公司、安徽安凯汽车股份有限公司落地应用。

💡 **解决痛点三：电动车"里程焦虑"**

目前，"里程焦虑"仍然是制约电动汽车发展的最大瓶颈——老旧小区受限于配网容量问题无法安装充电桩，或由于充换电设施区域信号覆盖弱导致有桩不能用，这都影响着我国新能源汽车行业的发展。

国网电动汽车服务有限公司为新能源汽车充电打造新型基础设施，构建车联网生态。

案例 8-10 国家电网智慧车联网平台解决方案

📖 **解决方案做法**

国家电网智慧车联网平台有效连接"人—车—桩—网—储"各参与环节，紧密联系电源生产、电网输配、用户与客户侧用能设备，实现在充电、出行、能源方面的功能创新，具体包括以下几点：

（1）充换电设施等物联终端接入与状态感知，降低充电桩、储能、V2G等设备接入的复杂度，提升边缘管理和物联设备管理水平。

（2）社区充电桩有序充电管理，借助终端管理与中心决策，实现互动有效的调度管理与负荷聚合，保证电动汽车与电网的协调互动发展。

（3）充换电设施的运行监控与运维检修，结合数据分析和流处理技术，实时分析判断真实状态，指导运维人员进行现场处理，完成充换电设施与备品备件的动态管理。

（4）充换电设施参与绿电溯源和绿电交易，真正实现"新能源车充新能源电"；依托"智慧车联网＋绿电扶贫"公益行动定向消纳扶贫绿电，开辟出以泛在电力物联网连接深度贫困地区与发达地区的新思路。

📖 **取得成效**

解决方案使小区配变峰值平均降低超过 30%，80%的充电量被优化调整到配变负荷低谷时段，使配变接纳充电桩能力提高了 4 倍。

📖 **商业推广模式**

国家电网智慧车联网平台采用平台租赁与方案输出模式进行盈利，已成功应用到其他充电领域和行业供电平台运营系统中。

国家电网智慧车联网平台通过平台租赁模式，为小用户和充电桩企业提供服务，助其进行研发与运营等。目前，已签约充电桩生产企业 40 余家，通过平台技术方案输出，以技术服务和软件开发形式盈利。此外，国家电网智慧车联网平台通过能力开放，鼓励各运营商与商户基于车联网云平台进行二次开发，构建完整产业生态圈。

　📖 **落地应用情况**

解决方案已在国网北京市、上海市、山东省电力公司落地应用。

💡 解决痛点四：海洋环境的电缆维护难

跨海电网向沿海地区及其附近岛屿延伸联网，海缆敷设长度越来越长、电压等级越来越高。浙江省舟山市有大小岛屿 1339 个，特殊的环境使架空线受到诸多限制，海底电缆成为岛际之间输电的首选。2008 年以来，舟山地区发生海缆故障 284 起，一旦运行后发生故障，极易引发大面积停电，带来不可估量的经济损失和社会影响，目前存在预警难、定位难、通信难 3 大难题。

国家电网承担着保障安全、经济、清洁、可持续电力供应的基本使命，在复杂的海底环境中实现对电缆设备的远程运维管理，并打造海洋电缆综合管控解决方案。

案例 8-11　新型海洋通信技术的四维海缆综合管控解决方案

　📖 **解决方案做法**

解决方案基于海缆管控存在预警难、定位难、通信难等痛点，面向物联网感知连接，聚焦海缆管控领域，实现了海缆保护区实时监控告警、船舶身份信息识别、应急响应等功能；通过构建"海—陆—空—天"四维态势感知体系，增强了运维部门对海缆破坏的预警、告警及联动应急处置能力；通过大数据平台汇聚"海—陆—天—空"四维感知数据，在平台层开展数据清洗、预处理、归集等。

解决方案的具体做法主要为：设置电子围栏，采用雷达光电跟踪、AIS 等技术对海缆进行 24 小时预警；依托近岛 5G 基站接收数据，降低时延，精准定位肇事船舶，快速响应；通过海洋卫星宽带技术，实现船舶移动信号覆盖，扫除海洋通信盲区。

📖 **取得成效**

2018 年全年，国网舟山供电公司通过海缆实时管控平台共实现 517 次故障预警及应急处置，较 2017 年海缆故障次数降低 35 起。按故障处理成本每次 200 万元计算，挽回直接经济损失达 7000 余万元。

📖 **商业推广模式**

解决方案目标客户定位于船舶监管行业（海事、港航、渔业）、拥有重要海底设施的单位（能源行业、通信行业、水利行业）、拥有海底电缆的电力系统内部企业及远洋运输业等其他行业。未来，解决方案可从省内沿海地市逐步推广到国网系统内有海缆的地区，并在政府、能源、通信行业进行全面推广。

📖 **落地应用情况**

解决方案已在国网舟山供电公司、舟山应急管理局落地应用。

💡 解决痛点五：生态环境监测成本高

目前我国水质监测已确立了"自动监测为主、手工监测为辅"的监测模式。自动监测主要依靠固定或浮船式水质自动监测站监测；人工监测需要实地采样，周期长且点位死角多、工作效率低、后期工作量大，消耗大量人力物力；固定或浮船式监测受水面污染或漂浮物的影响较大，监测范围有限，并且城市河流由于河道淤积严重、截污不彻底、沿河垃圾堆放和倾倒等，导致城市河流水系污染原因复杂，治理难度大、成本高，治理后经常出现水质反复。

深圳市宇驰检测技术股份有限公司基于 5G+物联网技术，对无人机、无人船进行远程控制和数据采集，从而实现流域生态环境智能化监测与预警解决方案。

案例 8-12　基于无人机、无人船远程控制的生态环境智能监测解决方案

📖 **解决方案做法**

解决方案能够快速监测河流水系污染分布情况，采用投入式原位监测，无须建站，投资少、建设快。信息传递快且测量周期短、测量过程不使用化学试剂，无二次污染。及时查明污染责任单位，对治理效果进行及时评估，实施"清单上墙、挂图作战"，重点强化对行政区域交界断面的监督、监测和监控。解决方案建设 122 个微型

水质自动监测站点、布设 132 台摄像头、对河流和黑臭水体等开展一日一巡一监测，并对数据进行分析；借助无人机、视频监控、水质快速检验设备和派人巡查督办等手段，对所有水体实施全天候、全覆盖、无死角管理。

对无人机、无人船的采样加载采样的规范和标准，使监测结果更具可靠性；从环境监测实际需求出发，对无人机平台和加载环境监测传感器进行双向定制、优化及耦合，研制出一套模块化的无人机加载环境监测设备协同巡检系统；充分考虑现场环境的多变性、隐蔽性，将数据传输、数据分析、导航系统相结合，使该系统在执行监测任务时更具适用性。

📖 取得成效

解决方案实现对水生态环境异常变化、流域漂浮垃圾污染、工业污水随意排放、在线监控设施不到位或异常损坏、巡检人员不作为等情况的监控与识别，并实现自动预警。

📖 商业推广模式

全球各国对环境保护的重视程度不断加强，解决方案在环保领域发挥了创新作用。

📖 落地应用情况

解决方案已在浙江缙云抽水蓄能有限公司、池州市生态环境局、合肥市庐阳区环境保护局、芜湖市水务局、宁乡市生态环境局、郴州市生态环境局、合肥时代智慧高新投资管理有限公司等单位落地应用。

4

第四部分

因势利导：不同的落地应用路径

在技术市场的初步形成阶段，不同类型企业主体开展技术应用的条件、意愿、需求均不尽相同，这使得它们走出了各具特色的落地应用路径。

通过对典型解决方案的分析可以看出，拥有广泛客户关系的行业龙头企业倾向于利用先发优势为其搭建的合作机制输出可复制的知识、经验，着力打造平台化合作伙伴生态，实现创新引领。

深耕行业的大中工业企业前期自动化、信息化基础相对完备，对技术的认识相对理性，对定制化解决方案具有较强的付费意愿和能力，同时对来自国际市场的竞争更加敏感，已成为当前工业互联网应用的主体。

　　广大小企业出于对投资性价比及承担风险等因素的考量，仍需要在采取实际行动之前获得更多对于市场状况的认识，因此也更加倾向于采用经过市场验证的轻量化解决方案，或通过加入企业间协作网络实现价值共创、共享。

　　事实上，在探索更加符合自身情况发展路径的过程中，各类企业所面临的共性问题是如何基于对自身当前和未来发展基础、发展理念、战略目标的动态判断，理性选定项目建设工作的优先级，并不断对主要任务、工作方法、推进机制进行调整。只有因企制宜、做到技术与管理相结合，才能使技术应用切实服务于企业经济效益提升，真正激发出企业技术应用的积极性、能动性，使工业互联网从"空中楼阁"落到实处。

第九章

龙头企业：创新引领带动未来发展新趋势

一、概述

新一代信息技术与实体经济的融合不断深入，工业经济结构不断调整，全球市场不确定风险不断升级，这均给龙头企业带来了巨大冲击，在多数行业，战略转型需求已迫在眉睫，新技术、新模式探索不断深入。在工业市场逐渐饱和的趋势下，作为市场领导者的龙头企业肩负的不仅是如何在短期内盈利的压力，更有带领整个行业探索转型新方向的责任，这不仅是业务和盈利决策，还是关系企业、行业长期发展的战略决策。

此外，龙头企业积累的工业 Know-How 具备显著服务优势，能够转换成可复制、可推广的转型经验，不仅为自身行业赋能，还能向其他行业输出经验，促进和带动产业链上下游、其他行业、社会领域的数字化转型。

二、创新引领型解决方案

龙头企业拓展业务主要有 3 类：一是面向自身产业链上下游企业复制推广经验做法，如设备制造商为设备使用企业提供设备维护服务解决方案，产业链核心企业为全产业链提供协同服务解决方案；二是将本行业形成的经验、模式、方法推广复制到具有相同痛点的行业，如基于自身机械设备的深刻理解，对其他行业设备推出监测预警、远程运维等解决方案，或基于市场快速反馈经验，在本行业形成柔性生产、个性化定制等模式，再将新模式复制应用到具备类似痛点的行业；三是基于平台的社会责任，与政府、公共服务领域开展深度合作，尤其是在 2020 年疫情期间，涌现出了一大批龙头企业开展政企合作，助力疫情防控和复工复产，在医疗物资调配、医院建设、基层治理、协同办公、中小企业生态扶持等方面发挥了重要作用，产生了深远的社会影响。

💡 解决痛点一："以单定产"难

海尔集团面对家电行业竞争激烈、需求多变的市场环境，打造出"以单定产"的大规模个性化定制模式，并将其形成标准，对其他行业实现模式输出，目前已成功落地房车、服装、模具等行业。

纺织服装行业面临的突出问题是产业链长、产销不匹配、提前生产导致库存高；订单趋向小批量多种类，"大货生产"模式柔性不足；不了解用户需求，缺少售后护理服务导致用户满意度低。

海尔搭建海织云，通过社群交互、3D 下单、智能打版、服装 MES 系统等模块应用，帮助纺织服装行业实现大规模个性化定制。

案例 9-1　纺织服装行业大规模定制解决方案

📖 **解决方案做法**

解决方案通过建立 MTM 定制系统、TDC 数字技术中心，实现直连用户个性化需求，版型、工艺等自动匹配，并集成 CAD\ERP\SCM\MES\WMS 等系统，同时结合业务与流程优化、智能化设备应用等实施，实现生产全流程数据驱动、全过程数据采集、实时监控与预警，使企业实现服装大规模定制与柔性快返生产模式。

解决方案连接用户大数据、供应链资源等，构建协同、互联生态，形成用户全流程交互、产业链协同，既实现企业快速精准研发、高效生产、降低库存，又大幅提高用户体验与产品满意度，实现个性化需求。

📖 **取得成效**

解决方案使企业生产效率提高 28%，库存降低 35%，定制产品毛利率从 12.5% 提高到 40% 以上，并实现地方政府每年 240 万元新增税收。

📖 **商业推广模式**

解决方案为用户提供服装定制解决方案，满足用户的穿衣需求；为纺织服装企业提供智能制造、智慧门店和智能采购等解决方案，助力企业实现从大规模制造向大规模定制转型升级。

解决方案重塑纺织服装全产业链，吸引服装设计师、解决方案商、设备商、服装生产企业、服装品牌商、面辅料企业、纺织企业等入驻平台，构建包括消费者、纺织服装企业、合作伙伴在内的共创共享共赢的物联网新生态。目前，解决方案已聚合生态企业332家、设计师112名、开发者企业76家。

　📖 落地应用情况

解决方案已在山东海思堡服装服饰集团等牛仔、女装、男装行业企业得到大量应用，未来将在羽绒、针织、童装等行业实现大规模推广复制。

💡 解决痛点二：运输车辆统一运营管理难

徐工集团是工程机械领域的龙头企业，深挖特殊用途车辆的工业机理，并形成了一整套工程机械机理模型和设备健康管理经验，正在面向其他行业实现模式输出。

江西铜业集团（贵溪）物流有限公司（简称"江铜物流"）拥有400多台运输车辆，运营管理存在如下痛点：一是运输调度效率低，缺少对运输车辆实时状态的监控与管理，调度任务无法合理分配；二是人员作业效率低，缺少科学的调度与管理，执行效率低、作业质量不可控；三是燃油无信息化监管，无法实时准确获取车辆加油记录，导致无法准确核算车辆的燃油成本，存在燃油浪费，同时车辆运输过程中存在超长怠速等违规作业行为，进一步增加燃油成本；四是维修过程无法管控，运输队不能及时掌握维修项目、配件与仓储信息等，导致维修备件供需不匹配、维修效率较低；五是车辆运输过程中存在安全隐患，厂内运输作业车辆超速等违规作业行为存在安全问题。

徐工集团为江铜物流定制化研发了江铜物流车联网智能管理平台解决方案。

案例 9-2　物流行业车联网智能管理解决方案

📖 **解决方案做法**

解决方案兼具物流车辆的作业管理、排班管理、运输管理、油耗管理、保养管理、维修管理、备件管理及安全监控等功能，可统计分析车辆运行与作业数据，形成分析报表，为企业的车辆运营管理提供科学依据，提升企业智能化管理水平。

（1）实时车辆监控。解决方案通过智能终端采集车辆当前位置、工作状态，准确分析车队的车辆利用率及闲置情况，为运输作业的科学调度提供依据；根据车辆的工作情况进行定期巡检与保养，确保车辆运行状态，提高车队的工作效率。

（2）工作量统计分析。解决方案通过大数据分析技术，结合车辆工作状态、作业路线等，分析统计车辆作业时长、作业里程、作业趟程等，为工作量统计分析提供数据支撑；结合绩效管理模型，有效提高作业人员的工作积极性。

（3）加油记录分析。解决方案通过加油机联网，实时记录车辆的加油量，并根据排班任务，将燃油成本精准分摊到作业人员，分析单人平均油耗、车辆怠速报警等违规记录，有效控制燃油成本。

（4）维修过程管控。解决方案可及时掌握并在线下发车辆维修需求，结合备件库存情况合理安排备件采购与调度，实现车辆维修项目、维修工时及配件库存透明化管理。

（5）车辆报警提醒。解决方案为各种类型的车辆设置相应的安全作业规则，当车辆出现安全隐患时，会预警并提醒司机；解决方案记录并统计车辆的作业违规行为，包括车辆急加速、急减速、急转弯、超长怠速等不良驾驶行为，通过汉云平台驾驶行为算法模型，帮助作业人员改善驾驶行为。

📖 取得成效

解决方案使运输作业调度与执行效率提高 9%，人员作业效率提高 10% 以上，设备作业燃油节省超过 15%，维修配件成本降低约 10%，设备维修效率提高 12%～15%。

📖 商业推广模式

解决方案已在建筑施工、物流、新能源汽车、港口、环保等行业应用，实现跨行业跨领域赋能。

📖 落地应用情况

解决方案已在中交一公局集团有限公司、协力集团等企业落地应用。

💡 解决痛点三：服务业设备管理水平低

三一重工是我国工程机械行业的龙头企业，在数字化、服务化转型过程孵化出树根互联，积累了长达 11 年的解决方案服务经验，沉淀了大量基于工业设备的工业机理模型，聚焦其他行业的核心设备，实现模式创新。

我国城市末端配送领域（如快递、外卖、仓配等）集中了大量电动车，2018 年已超过 600 万辆，年送快递/外卖单数超过 600 亿件，年增长率超过 30%。另外，伴随下游使用用户的高速增长，电动车产业链的上游生产商及渠道经销商的规模小、服务差、销售链长、利润低、缺失用户数据、无法形成用户黏性等诸多痛点难以解决，缺乏成形的产品后市场全生命周期服务体系。

树根互联面向快递行业，围绕快递电动车电池设备管理，提供包括车辆运维、电池寿命管理、车动电租赁等的全套增值服务解决方案。

案例 9-3　新能源智能车电池服务模式创新解决方案

📖 **解决方案做法**

基于根云平台为优力电驱动系统有限公司（简称"优力电驱动公司"）建设面向快递行业的"新能源智能车电大数据服务平台"，主要实施内容包括提供基于工业互联网平台的工业设备上云解决方案，开展设备状态监测、工艺优化、故障预警、远程运维等服务，通过大数据分析与人工智能手段实现电池寿命管控与客户服务智能引擎开发，运用工业互联网模式创新，率先在快递行业实现电动车租赁整体解决方案，为快递行业提供运力保障与支撑。

📖 **取得成效**

解决方案帮助电动车及电动车电池制造企业、平台运营商、终端用户等全产业链环节取得以下成效：

(1) 优力电驱动公司 2018 年利润同比增加 14%。

(2) 主动服务，备件库存和维修成本降低 30%。

(3) 提高设备应用效率，停机时间降低 50%。

(4) 智能充放电曲线调整，提升电池寿命 10%。

(5) 创新商业模式，用户电池使用成本降低 20%。

(6) 减少环境污染，电池无害回收率达 90%。

(7) 基于平台实时定位，被盗车辆丢失找回率 100%。

(8) 通过运营 15 个月的数据验证电池安全性 100%。

📖 **商业推广模式**

解决方案已经与长沙市超过 70%的快递公司签署了车辆及电池租赁服务合同，包括申通、中通、圆通、韵达、丹鸟、品骏等知名快递企业，交付产品近 2000 台，覆盖了长沙市约 27%的快递车，预计到 2020 年年底可达到 70%的覆盖率，并会同步开始面向全国主要城市进行推广。

📖 **落地应用情况**

解决方案已在优力电驱动公司落地应用。

💡 解决痛点四：应急状况联防联控难

在日常传染病监测过程中，受制于医院医生行为，存在误报、漏报、瞒报、上报效率低、反应慢等问题。对未知传染病和疾病早期征兆缺乏监测预警手段。在疫情发生时，数据质量欠佳、难利用，跨机构、跨部门、跨地区数据互联互通难，对疫情发生发展趋势预判能力不足，无法进行精准决策。在防控救治过程中，一线缺少联防联控机制和工具，医政、医医、医卫协同效率和能力仍有欠缺。

平安国际智慧城市科技股份有限公司专注于新型智慧城市建设领域，提供了基于人工智能技术的公共卫生应急管理信息平台解决方案，有效实现了健康大数据汇聚，提升了区域公共卫生的应急反应能力。

案例9-4　疾病防控预警应急管理平台解决方案

📖 **解决方案做法**

（1）构建多渠道、多点触发的大数据监测预警网络，整合疾病监测、临床诊疗、医疗应急物资、网络舆情等数据，利用智能化大数据分析技术，形成面向新发传染病/疾病早期征兆的预警机制。

（2）构建疾病预测模型，采用多模态数据的精准疾病预测技术，预测不同疾病在空间、时间、人群上的发展趋势，并进行风险评估。

（3）完善传染病直报体系，应用智能辅助诊断系统，提高基层医生对传染病的识别和处置能力、提升疾病筛查诊断准确率，对接疾病传染病网络直报系统，完成从诊断出发到填报审核的一体化全程管理。

（4）建设智能辅助流调、智慧网格化防控等工具，借助智能语音、自然语言处理等技术，提升一线联防联控效率及能力。

📖 取得成效

平安全球疫情趋势预警在新华网客户端上线，整体准确率达 99%。

📖 商业推广模式

提供以信息系统服务和咨询支撑服务双重驱动的服务模式。

（1）信息服务：构建公共卫生应急大数据支撑平台，在此基础上搭建智能监测预警、智能预测调度、智能防控救治系统。

（2）咨询支撑服务：通过深度学习、大数据等技术，形成智能监测、疾病预测、疾病防控等多维动态分析能力，并对实施措施进行事后评价。

📖 落地应用情况

（1）疫情期间，智能影像覆盖包括湖北省在内的全国 1500 多家医疗机构，累计阅片数达百余万张。

（2）疫情期间，为全国 20 余省市提供智能疾病预测服务。

（3）在甘肃全省、重庆永川区等地上线智能辅助诊疗服务，覆盖近 1.7 万家基层医疗机构。

💡 **解决痛点五：应急数据治理难**

疫情期间，地方基层管控面临外来人口多、人员流动性大、基层管控人员配备管理不足的问题；流动人员状态不明对企业复工复产带来一定风险和影响。

航天神舟智慧系统技术有限公司重点布局泛安全领域，瞄准基层社会治理、安全生产监管、公共安全等细分方向。疫情期间，针对基层疫情防控风险问题，提供了基于人工智能技术的基层治理平台解决方案，在扬州市江都区、湖州市实现落地应用。

案例 9-5　大数据基层治理平台解决方案

📖 **解决方案做法**

（1）利用基层治理平台底层积累的多方融合数据及覆盖每个区域的广大的网格员群体，结合各地疫情防控政策，将重点人员落入网格、责任到人，结合网格化管理手段进行精准化、精细化管理管控，提供社区（乡村）精准防控、社区疫情精准通报、重点人员轨迹监测等功能。

（2）利用大数据分析和实时视频分析技术，从企业复工审批、员工入境审批、企业复工疫情防控数字化等方面提供风险自动化识别和大数据辅助决策，为各地在疫情期间有序开展企业复工审批提供技术保障。

（3）结合各级卫生健康委通报的疫情数据和火车、飞机等各类出行数据，利用数据交换、数据清洗等技术处理海量数据，提炼关联性强、业务价值高的部分进行数据碰撞，从多方面辅助政府及时掌握疫情发展态势，从而有针对性地制定疫情防控各项措施。

📖 **取得成效**

（1）扬州市审核 17245 条外来人员登记数据、排摸 10355 名本地人员、采集 1276 条有症状人员、19 条企业复工人员、疫情相关事件 324 件、每天走访率达 100%。

（2）湖州市走访 54646 户、177930 人，采集居家观察对象 7436 人，发现疑似病患 4 例，处理疫情相关事件 1411 件。

📖 **商业推广模式**

解决方案面向的用户为地方政府、党委。除疫情期间针对流动人口和防疫重点关注对象开展摸排外，在疫情结束后，还可以在网格化管理的框架下，对其他重点人员、重点场所开展精细化管理管控，通过数据汇聚实现对人员、场所画像，结合数据分析对其进行分等定级，实现精细化、常态化管理。

📖 **落地应用情况**

在扬州市江都区和湖州市本级及下辖 6 个区县落地应用。

第十章

大中企业：深耕行业领域推动高质量发展

一、概述

和发达国家相比，我国制造业仍然存在"大而不强"的问题，大中企业作为行业垂直深耕的领军者，蕴含众多细分领域的"隐形冠军"，也肩负着加快产品迭代升级、推动制造业高质量发展的重任。

在从全球制造业价值链低端向高端迈进的过程中，大中企业一方面需要深挖和探索大量制造工业机理，填补技术空白，弥补发展短板；另一方面要为产品赋能、形成高端品牌，抢先一步布局全球市场，把握竞争主动权。

二、行业深耕型解决方案

大中企业对于解决方案的需求有两个方面。一是关注统筹管理。大中企业的信息化程度通常较高，采集数据并非其应用发展的困难，但是数据被封锁在各系统、各部门中，形成信息孤岛，数据不能得到有效利用。打通企业各设备、系统、层级之间的信息流是当前应用的一个焦点，通过建立统一的数据标准，能够低成本、高速度地实现工业应用，同时节约大量人力、物力、财力成本。二是关注工艺和质量。大中企业品牌化需求强烈，长期将产品和质量作为关注焦点，并且具有足够的技术实力和经济实力，深挖工艺、提升质量，以保持自身的行业领先地位。

🔆 解决痛点一：供应链上下游协作难

以"电动化、智能化、网联化、共享化"为主方向的汽车转型升级趋势正在重塑汽车产业的格局，引领我国汽车行业实现创新发展、构建产业核心竞争力。

与此同时，汽车行业供应链间存在数据信息孤岛和传递壁垒问题，尚未实现面向供应链全价值过程的管理，难以实现更深度的协作。

上汽通用五菱汽车股份有限公司（简称"通用五菱"）以供应链为切入点，打通、整合产业上下游企业数据，实现更大范围的一体化管理。

案例 10-1 汽车数字化供应链解决方案

📖 解决方案做法

（1）数据互联：整合数据通信协议和 API 接口，实现从供应商生产设备、试验设备、量检具等物理底层数据到通用五菱供应商协同管理数据的打通。

（2）数据建模：实现对供应商内外部制造过程和绩效数据的实时感知与集成，及整车厂实物质量绩效、售后质量绩效等产品全生命周期的数据信息集成，建立供应链层面的海量数据仓库。

（3）一体化管理：构建汽车供应链层生产、质量、交付、变更等风险指标体系与风险分析、预警和预测模型，实现对供应商风险的实时智能监测、分析、预测和应对。

📖 **取得成效**

供应商零部件质量事故下降 45%，重大质量事故下降 50%，售后千台车故障率（IPTV）下降 25%。

86 家一级供应商实现内部生产效率提升 15.9%，质量损失下降 28%，累计降本增效达 1.6 亿元。

📖 **商业推广模式**

解决方案以汽车行业为研究、实施对象，已在通用五菱及其86 家一级供应商（其中 7 家为试点示范企业）落地应用，覆盖冲压、焊接、装配、汽车电子、注塑、喷涂、机加工等机械机电细分行业。

📖 **落地应用情况**

解决方案在通用五菱及其 86 家一级供应商部署实施，并有效运行近 1 年时间。

💡 解决痛点二：复杂工艺设计协同难

对于制造企业而言，工艺核心技术是要不来、买不来、讨不来的。现有计算机辅助工艺设计模式，严重依赖人工经验，效率低，工艺设计时间与数控加工时间之比长达 10∶1，因工艺设计不合理、质量不稳定等因素导致的质量问题层出不穷。此外，目前制造企业之间封闭离散型的工艺研发模式也存在工艺知识共享难、工艺技术研发重复性劳动大、核心能力难以创造更大价值等突出问题。

成都飞机工业（集团）有限责任公司（简称"成飞"）基于自主研发的工艺云平台，形成了以提供智能化工艺云平台共享服务、智能化工艺集成软件、成套工艺解决方案及工艺技术咨询与服务为主的新业务模式。

案例 10-2　智能工艺云解决方案

📖 **解决方案做法**

解决方案通过面向工艺的云平台架构，提供云上虚拟桌面服务及云端工艺过程管理服务，用户无须前期对硬件投资，即可快速构建安全、高性能、低成本的工艺软硬件体系。

解决方案以智能编程系统为集成平台，对数控编程、后置处理和仿真等服务进行有序集成，提供编程技术方案智能化生成、工艺知识重用、工艺工具 App 等服务。

解决方案打造云端工艺众智创客空间，实现用户需求交互、相似方案匹配、工艺知识共享、工艺资源推送、解决方案设计等功能。

📖 取得成效

解决方案显著提升数字化工艺程序的质量和效率，可作为企业工艺知识的载体，有效促进工艺知识积累和继承、提升协同制造能力、缩短产品制造周期，提升行业整体工艺研制效率。

📖 商业推广模式

为用户提供零件加工全流程的工艺解决方案和工艺技术咨询与共享服务，具体运作模式包括工艺 App 销售、成套工艺解决方案服务、工艺数据共享服务等。

📖 落地应用情况

解决方案提供的智能化工艺相关应用已经通过成飞公有云平台在相应零组件制造供应商中进行推广；基于通用后置处理技术的定制化软件服务、基于特征的智能编程服务等技术服务已在国内外机床企业、加工制造企业获得应用；智能化工艺云平台已面向 30 余家飞机制造主机厂、航空民营企业、国内外机床企业、航天企业进行推广应用，收入超 2000 万元；工艺资源共享等新合作模式也已在新都航空产业园获得应用。

💡 解决痛点三：供应链弹性不足

产能预售可以对接当前需求与未来产能，在满足个性化需求的同时帮助中小企业规避市场定价波动风险。2020 年，新冠疫情与钢铁价格波动交叠，中小企业正常经营活动受到较大影响，面临采购和销售无法面对面开展、物流服务受阻、钢材难以按时交付等问题。

欧冶云商是由中国宝武发起设立的钢铁生态圈第三方产业互联网平台，通过新一代信息技术应用和商业模式创新，整合生态圈各方资源并对接中小实体企业，围绕中小企业复工复产问题，提出欧冶云商产能预售供应链协同解决方案，已应用到各大钢厂及中小微用户，取得良好成效。

案例 10-3   欧冶云商产能预售供应链协同解决方案

📖 **解决方案做法**

欧冶云商产能预售依托互联网平台集聚钢厂制造能力，推进同质化产能在线共享，促进供需实时高效对接，帮助钢厂实现产销平衡，满足中小企业个性化采购需求，并配套物流、加工、钢材技术服务等，实现精准交付，实现产业链高效协同。产能预售具体做法包括：

（1）通过钢厂同质化产能在线预售，实现未来产能供给与中小用户需求的精准对接，帮助钢厂高效触达中小用户，拓展营销渠道，并高效满足中小用户个性化需求。

（2）基于平台真实交易数据，推进产能预售价格指数的编制和应用，真实反映市场成交价格，指导钢厂合理定价，帮助中小企业规避市场波动风险。

（3）整合产业链各方服务资源，提供仓储、运输、加工、钢材技术服务等全流程交付服务，为用户提供综合解决方案，有效提升用户体验。

📖 **取得成效**

促进钢厂营销模式变革，实现中小用户和钢厂直接对接，提升钢铁供应链弹性，实现供应链效率提升和成本降低。

📖 **商业推广模式**

服务创新：基于下游用户不同交付时间需求，创新交易模式，帮助钢厂高效触达中小用户，并按订单组织生产，服务模式包括 7 天、半个月、1 个月、2 个月以上等弹性交付周期的产能预售。

技术应用：基于算法模型，对用户进行精准画像，实现智能推荐等；基于区块链技术应用，实现订单可追溯、可跟踪；加强与金融机构系统对接，探索银行直融在线服务。

向全钢铁行业和中小用户进行复制推广，形成促进供应链高效协同的标准解决方案，并通过 App、小程序等互联网营销工具应用，实现对中小用户的高效触达。

📖 **落地应用情况**

已在华中某钢厂、华东某钢厂落地应用。

一、概述

小微企业基数庞大，是工业互联网解决方案的重要用户，但同时小微企业经济实力弱、技术能力低等问题也阻碍了解决方案落地应用。

小微企业通常缺乏独立承担解决方案开发成本的能力，更多的是通过工业互联网平台协同跟进实现应用，目前主要分为两类跟进途径：一是获取数字化工具方法，平台服务商积累多年，形成了较成熟的云化工具、软件，采用较低价格或按使用收费，提供给小微企业使用；二是复制学习本行业经验，行业龙头企业通过多年信息化、数字化经验沉淀，形成了可复用的经验模型，提供给产业内上下游的小企业，以实现全产业协同发展。

二、协同跟进型解决方案

当前，小微企业应用解决方案主要分为 3 类。一是依托工业互联网平台 SaaS 服务，开展轻资产、灵活付费、快速部署的云应用。目前已有多个平台推出各类 SaaS 服务，如研发设计类的云 CAD、云仿真，生产制造类的云 MES，销售管理类的云 ERP、云 CRM 等。二是依托产业链核心企业，开展产业上下游企业协同解决方案应用。行业龙头企业以实际行动带领领域内的小企业开展应用，如智能云科在沈阳、盐城、十堰等地建立子公司，并为子公司提供平台化机床服务应用。三是依托政府支持政策，在产业聚集区、工业园区等区域实现解决方案聚集应用。政府政策对产业聚集区的应用能够产生积极作用，如航天云网在佛山地区电器行业的应用、海尔在山东淄博陶瓷产业园区的应用。

💡 解决痛点一：生产管理数字化程度低

小微企业生产信息不透明，产品具有多品种、小批量的特点，面临生产管控难度大、交期没有保障等难题；物料管理数据易出错、效率低、成本高、浪费严重；为客户配套时，由于生产过程不稳定、品质难以保证，导致接单难。

金蝶国际软件集团有限公司（简称"金蝶"）运用工业互联网平台，通过工厂生产要素的连接，让工厂生产数据透明化，解决质量与交期客户可视问题。

案例 11-1 小微企业全云化生产管控解决方案

📖 **解决方案做法**

解决方案提供基于二维码的端、边、云协同，实现生产计划物料及时配送及管理，同时通过平台积累工业数据，应用大数据机理与算法模型，在产品质量最优的条件下减少对材料的消耗，降低生产成本并不断提升质量。

解决方案的主要功能包括以下几点：

（1）设备监控，构建数据采集配置平台，实现大多数设备的连接与数据采集、解析处理，实时采集设备状态及运行参数，及时处理异常，减少异常带来的生产损失。

（2）设备综合效率（OEE），通过对设备采集数据进行绩效分析，对绩效低下的设备进行原因分析并加以改进。

（3）基于平台积累的数据，对数据进行加工处理和分析，及时了解并调整生产参数、工艺、资源等，优化产品质量。

（4）通过数据的可视化，帮助企业管理者实时了解企业的运营情况，快速决策，对于发现的隐藏问题进行预防处理。

（5）企业的经营数据、生产数据、客户数据实时在线，结合知识和业务经验的积累，对企业各环节进行价值链的优化，发现新机会，创新运营模式，提升生产效率，加快企业服务化转型。

📖 **取得成效**

实现产品交期准时率提升 15%，产品合格率提升 20%，返工率下降 20%，生产效率提升 10%以上。

📖 **商业推广模式**

解决方案面向离散制造行业，特别是机加、电子、五金、装备等行业，能够在生产管理及工业数据应用领域实现批量化交付、应用。

📖 **落地应用情况**

解决方案已经在深圳市常润五金有限公司、宁波德曼压缩机有限公司等企业落地应用。

💡 **解决痛点二：生产管控成本高**

机械制造业由于工艺复杂、制品管理烦琐，单纯依靠人工管理很难满足企业的快速发展需求，小企业生产管理过程中存在生产进度不清晰、采购需求不明确、质量问题难追溯、库存数量不准确、计时计件易出错等行业共性问题。

浙江蒲惠智造科技有限公司（简称"浙江蒲惠"）关注离散制造业的生产管控，为小企业提供轻量级、易部署的 SaaS 解决方案。

案例 11-2 机械制造行业生产管理解决方案

📖 **解决方案做法**

解决方案实现研发、设计、生产、销售、管理、服务等数据的开放流动与深度融合，为机械制造业中小企业提供一系列基于容器技术的 SaaS 云服务，对销售、采购、生产、仓库等环节的数据进行实时采集和协同管理，实现生产全流程管理的透明化。

（1）为不同用户角色提供多终端交互系统，并对用户使用软件的行为进行埋点，通过分析用户行为不断改善用户体验。

（2）采用微服务技术架构，使得服务能够弹性伸缩，进行细粒度的更新，降低系统更新对用户日常使用造成的影响。

（3）完善服务监控机制，对异常进行日志埋点，对异常、错误进行报警。

（4）支持多种开发工具和编程语言，将通用功能进行模块化封装和复用，实现产品标准化与可适配化的有机结合。

📖 取得成效

解决方案通过规范流程管理，提升人员效率和设备效率，帮助企业提升生产效率，提高订单交付能力，降低库存压力，盘活现金流。此外，产品直接部署在云端，用户无须承担服务器硬件成本和运维成本，可以直接减少生产统计员、工资核算员、仓库管理员、质量检验员等的工作量。

📖 商业推广模式

盈利模式主要体现在3个方面：一是依托标准化、轻量化的 SaaS 产品，可以快速批量实现企业数字化改造，积累企业用户数量；二是产品标准化、复用成本较低，一次性开发、集中迭代优化，在拥有庞大用户数量的条件下，每家企业能够以较低的软件付费，逐年分摊产品开发成本。

📖 落地应用情况

解决方案已在阀门、汽配、制冷等细分行业领域开展部署，在浙江高中压阀门和新昌鸿杰电子实现落地应用。

💡 解决痛点三：设备关联信息共享难

机械零部件加工行业大部分是中小型工厂，呈离散型分布，现阶段面临的问题包括信息不对称，工业设备状态无法实时反馈；人工成本越来越高，经营负担越来越重；工件排产和生产计划缺乏规划，订单无法按时交付；工厂设备产能闲置率高等。

深圳市速嘉科技有限公司（简称"速嘉科技"）深度整合上下游机械加工厂，为机械加工行业提供产能共享解决方案。

案例 11-3　一站式机械零部件云制造解决方案

📖 **解决方案做法**

解决方案提供工厂数字化升级改造、生产过程监控及管理可视化、工艺工序优化、生产计划优化等解决方案，并基于平台打通工厂端至用户端，通过智能订单匹配系统、基于人工智能的自动报价系统和大数据应用系统，解决传统加工需求和产能不匹配的问题。通过平台连接加工产业链的加工用户、加工厂，为双方提供高效的对接和增值服务，实现加工厂闲置设备的利用率大幅提升、加工链上下游信息高效匹配、工厂信息化生产的透明可视化、产业链上各主体（工厂及需求企业等）降本增效 4 个核心需求。

📖 **取得成效**

智能自动报价系统的报价所需时间在 5 秒以内，准确率 93% 以上；零件加工可行性分析系统判断准确率达 98% 以上；智能订单匹配系统的算法准确度达到95%以上；实时生产状态数据采集精准度达到99%以上；设备利用率从过去的43%大幅提升至现在的80%；工件平均生产时效从4小时缩减为3小时，工厂平均生产效率提升27%以上；工件的准时交付率由82%提升至97%以上；综合生产成本降低21%以上；用户采购成本降低18%以上；零件交付周期缩短29%以上。

📖 **商业推广模式**

经过4年的发展，已对接各类合作工厂超过1000家，服务的加工用户超15000家，年营业额以超30%的速度高速增长，当前解决方案已经在机加工、3D打印、手板加工、钣金加工、模具注塑、激光切割等领域落地应用。平台模式对于印刷、纺织等传统制造业有着极为良好的示范作用，通过规模化的应用，可以掌握整个行业的产能情况，从而进行有效调度，有效提升工厂智能化水平，为产业链上下游带来新的增长点。

📖 **落地应用情况**

解决方案已在深圳市嘉豪信达科技有限公司等多家机械加工企业落地应用。

💡 **解决痛点四：闲置产能供需对接难**

机床广泛应用于汽车、铸造、机械等行业，相关产业发达程度可有效反映一国的制造业发展水平。目前，我国机床产业在世界上已具备较强的竞争力，但机床企业后服务市场体系未建立，存在信息不对称、资源不共享、响应不迅速、交易费高昂等问题。

浪潮云凭借云计算、大数据的服务优势，为区域内中小企业聚集应用机床设备、高效利用闲置产能提供工业互联网产业链协同解决方案。

案例 11-4　机床行业产业链协同创新解决方案

📖 **解决方案做法**

(1) 机床生产设备智能改造：部署智能网关，实现与数控机床控制器实时通信，采集包括运行状态和关键工艺参数的基础运行数据；通过边缘和云端双备份，全面保障数据安全；在边缘侧进行单机实时分析，在云端结合机床机理模型库进行大数据分析，提供从机床主轴振动分析、刀具寿命预测到加工程序离线仿真、设备生产效率、机床切削工艺优化分析等数十种机床专用工业 App 服务，实现生产过程全程监控及机床之间的"沟通"与互联。

(2) 机床产品数字化运维：机床联网后，可以采集刀具号、刀具半径、刀具寿命、主轴及伺服轴负载、主轴温度、伺服轴电流等数据，在生产过程中帮助制造商有效节约能源、降低成本、消除机器意外停机时间，并提高运营效率。

(3) 机床产品全生命周期追溯：机床云实现了以标识解析为核心的机床产品全生命周期追溯。机床产品有了电子"身份证"，通过一物一码将分散的产品信息关联起来，从原材料供应、生产制造、物流运输、分发销售到使用，提供面向产品全生命周期的追溯、控制等智能化服务。

（4）机床行业供需对接与在线销售：将"中国机床海淘网"打造成机床产业的"淘宝网"，致力于聚合机床厂商、配件商、服务商、机床用户，以供需对接手段打通机床的设计、生产、销售和后服务的全链条，逐步完善围绕机床全生命周期的数据和应用服务。

📖 **取得成效**

设备使用企业备品备件供应时间平均缩短 3 天，生产运营效率提升 10%以上，物流效率提升 15%以上；设备制造企业产品服务效率提升 10%以上，利润率提升 5%以上。

📖 **商业推广模式**

解决方案贯穿机床行业的备品备件供应、设计、生产、销售、物流、后服务等全产业链条，围绕政府、行业协会、产业园区、金融投资机构、企业提供服务，旨在建设全国性机床行业乃至装备制造业的产业生态圈。

📖 **落地应用情况**

解决方案帮助鲁南机床有限公司产品服务效率提升 10%以上，利润率提升 5%以上。

💡 解决痛点五：小企业应急响应能力不足

新冠疫情给小企业极大冲击，仅靠企业自身很难抵御这次剧震。小企业应急响应面临四大挑战：一是人员属地化工作，缺乏高效分散协同文化与工具；二是企业数字化基础设施建设滞后，缺乏快速数字化应急响应能力；三是产业大数据积累不足，制约供需精准对接与产业链上下游协同；四是中小企业面临供应链和资金链断裂风险，急需帮扶。

腾讯是一家以互联网为基础的科技和文化公司，在工业、医疗、零售、交通等各领域助力传统行业的数字化转型升级，围绕疫情下中小企业复工复产资源不足等问题，基于人工智能技术提出腾讯数字化战疫公共服务平台解决方案，综合帮扶中小企业并取得明显成效。

案例 11-5　腾讯数字化战疫公共服务平台解决方案

> 📖 **解决方案做法**
>
> 推出腾讯数字化工业互联网公共服务平台，提供企业上云服务、协同制造服务、在线教育培训服务等。此外还提供：
>
> （1）企业大数据服务，帮助中小企业获取政策动态、企业洞察、产业分析、产业/企业舆情等核心数据能力。
>
> （2）工业智能服务，通过面向中小企业的人工智能服务资源池，赋能企业实现研发设计、生产制造、产品服务的智能化。

（3）中小企业金融服务，提供中小企业融资服务和金融机构风控服务。

（4）协同开发服务，通过面向中小企业 IT 研发和协作的一站式管理平台，提供从需求到设计、开发、构建、测试、发布、部署的全流程协同及研发工具支撑。

📖 **取得成效**

通过工业互联网平台为企业和社会提供协同办公、防疫物资对接、疫情防控复工数字化审批、设计、研发、生产制造、远程运维等，每月为企业节约 IT 成本数亿元。

商业推广模式

（1）以腾讯产业协同能力实现区域医疗物资最优配置。

（2）以腾讯金融科技能力助力中小企业获取金融服务。

（3）以腾讯数字政务能力助力中小企业复工复产。

（4）以区域地市工业云基地联动推广能力，提高区域中小企业业务上云能力等。

📖 **落地应用情况**

（1）通过大数据技术进行产业分析、企业画像、商机分析、原材料对接等助力疫情期间企业生产决策、线上协同、市场开拓和客户服务等助力企业生产决策和产业发展。

（2）将大数据技术引入城市疫情防控管理和产业发展协同中来，通过大数据实现工业产业资源的聚集，挖掘产业资源对接价值，助力打赢疫情防控和产业发展硬仗。

参考文献

[1] 习近平在中共中央政治局第二次集体学习时强调. 审时度势精心谋划超前布局力争主动 实施国家大数据战略 加快建设数字中国［EB/OL］. 2017-12-09. http://news.cctv.com/2017/12/09/ARTIuAPjZaB jLKOsVqaaQcuj171209.shtml.

[2] 习近平向 2019 工业互联网全球峰会致贺信［EB/OL］. 2019-10-18. http:// www.xinhuanet.com/politics/leaders /2019-10/18/c_1125121292. htm.

[3] 政府工作报告［EB/OL］. 2019-03-16. http://www.gov.cn/premier/2019-03/16/content_5374314.htm.

[4] 国务院关于深化"互联网+先进制造业"发展工业互联网的指导意见［EB/OL］. 2017-11-27. http://www.gov.cn/xinwen/2017-11/27/ content_5242603.htm.

[5] 工业互联网平台建设及推广指南［EB/OL］. 2018-07-19. http://www.miit. gov.cn/n1146295/n1652858/n1652930/n3757022/c6266074/part/6266102.docx.

[6] 工业互联网 APP 培育工程实施方案（2018—2020 年）［EB/OL］. 2018-05-11. http://www.miit.gov.cn/n1146295/n1652858/n1652930/n3757022/c6169050/content.html.

[7]　"5G+工业互联网". 512 工程推进方案［EB/OL］. 2019-11-22.
　　 http://www.miit.gov.cn/n1146295/n1652858/n1652930/n3757020/
　　 c7538158/content.html.

[8]　关于开展 2019 年工业互联网试点示范项目推荐工作的通
　　 知［EB/OL］. 2019-11-01. http://www.miit.gov.cn/n1146295/
　　 n1652858/ n1652930/n3757016/c7502065/content.html.

[9]　关于组织开展 2019 年工业互联网平台创新应用案例征集活动
　　 的通知［EB/OL］. 2019-07-31. http://www.miit.gov.cn/n1146285/
　　 n1146352/n3054355/n3057656/n3057660/c7228903/content.html.

[10] 苗圩. 5G 更大的"蓝海"在物联网、工业互联网［EB/OL］.
　　 2020-01-20. http://www.xinhuanet.com/fortune/2020-01/20/c_
　　 1125485030.htm.

[11] 苗圩. 5G 的应用场景 80%应该是用在工业互联网等领域
　　 ［EB/OL］. 2019-09-20. http://finance.china.com.cn/roll/20190920/
　　 5084890.shtml.

[12] 苗圩. 着力建设新一代信息基础设施 深入实施工业互联网创
　　 新发展战略［EB/OL］. 2019-10-11. http://finance.sina.com.cn/
　　 stock/relnews/cn/2019-10-11/doc-iicezzrr1503245.shtml.

[13] 陈肇雄. 共建工业互联网发展新生态 绘就制造业数字化转
　　 型新图景［EB/OL］. 2019-10-21. http://www.xinhuanet.com/info/
　　 2019-10/ 21/c_138490420.htm.

[14] 陈肇雄. 加快应用牵引，推动 5G 创新发展［EB/OL］. 2019-11-21. http://www.xinhuanet.com/info/2019/11/21/c_138572601.htm.

[15] 陈肇雄. 要持续提升工业互联网创新能力［EB/OL］. 2019-12-03. http://finance.people.com.cn/n1/2019/1203/c1004-31487697.html.

[16] 陈肇雄. 中国工业互联网相关工作取得重大突破［EB/OL］. 2019-10-21. http://www.bjnews.com.cn/feature/2019/10/21/639377.html.

[17] 陈肇雄. 持续推进工业互联网创新发展，打造两化融合升级版［EB/OL］. 2019-08-28. http://www.cspiii.com/sx/xwdd/2019-09-02-5991.html.

[18] 王新哲. 加快发展工业互联网，大力推动实体经济数字化转型［EB/OL］. 2019-10-18. http://www.miit.gov.cn/n1146290/n1146402/n7039597/c7471709/content.html.

[19] 张峰. 加快探索 5G 与工业互联网融合创新发展［EB/OL］. 2019-11-22. http://www.miit.gov.cn/n1146285/n1146347/n1147691/n1147694/c7537241/content.html.

[20] 邬贺铨. 工业互联网需要信息技术和运用技术的融合［EB/OL］. 2019-07-26. http://difang.gmw.cn/qd/2019-07-26/content_33032456.htm.

[21] 邬贺铨. 工业互联网将因 5G 突破传输瓶颈［EB/OL］. 2019-10-31. http://www.bjnews.com.cn/finance/2019/10/31/643 928.html.

[22] 李颖，尹丽波. 虚实之间：工业互联网平台兴起［M］. 北京：电子工业出版社，2019.

[23] 李颖. 工业互联网平台赋能高质量发展［EB/OL］. 2019-11-21. http://www.xinhuanet.com/info/2019-11/21/c_1385 72631.htm.

[24] 李颖. 持续推动工业互联网发展，试点先行［EB/OL］. 2019-10-28. http://www.cww.net.cn/article?id=459913.

[25] 李颖. 开创工业互联网平台发展新格局［EB/OL］. 2019-11-07. http://www. xinhuanet.com/info/2019-11/07/c_138535115.htm.

[26] 李颖. 工业互联网平台发展亟需进一步完善政策，加大投入形成合力［EB/OL］. 2019-07-03. http://www.ccidcom.com/ gyhlw/20190703/ iraxds5QnEIrCFviO16q4obtgn4ho.html.

[27] 李颖. 进一步凝聚共识，加快工业互联网务实发展［EB/OL］. 2019-05-19. http://www.xinhuanet.com/info/2019-05/19/c_1380 71073.htm.

[28] 李颖. 充分发挥数据价值，推进工业互联网创新发展[N]. 人民邮电报，2019-06-21.

[29] 李颖. 深化新一代信息技术与制造业融合 加快产业数字化转型［N］. 中国电子报，2019-01-30.

[30] 尹丽波，周剑，肖琳琳. 以开放价值生态替代封闭技术生态，实现工业互联网平台换道超车——关于我国发展工业互联网平台的若干建议［EB/OL］. 2017-11-13. https://mp.weixin.qq.com/s/T2SRJX6gGHio7Ebt-8iyjw.

[31] 工业互联网平台创新发展白皮书（2018）［R］. 北京: 国家工业信息安全发展研究中心，2018.

[32] 数据驱动 转型致胜——全球工业互联网平台应用案例分析报告［R］. 北京: 国家工业信息安全发展研究中心，2018.

[33] 安筱鹏. 重构: 数字化转型的逻辑［M］. 北京: 电子工业出版社，2019.

[34] 周剑，肖琳琳. 工业互联网平台发展现状、趋势与对策［N］. 人民邮电报，2017-11-06.

[35] 肖琳琳. 国内外工业互联网平台对比分析研究［J］. 信息通信技术，2018，12（03）：27-31.

[36] 工业互联网发展步入快车道［N］. 人民邮电报，2019-12-22.

[37] 发现新动能：中国制造业如何制胜数字经济［R］. 埃森哲，2017.

[38] Industrial Internet Insights Report［R］. Accenture, 2015.

[39] Making Sense of Internet of Things Platforms ［EB/OL］. 2017-05-12. McKinsey, https://www.mckinsey.com/business-functions/ mckinsey-digital/our-insights/making-sense-of-internet-of-things -platforms#.

[40] Gartner Magic Quadrant for Industrial IoT Platforms ［EB/OL］. 2019-06-25. Gartner, https://www.gartner.com/en/documents/ 3941962.

[41] Hype Cycle for the Internet of Things ［EB/OL］. 2019-07-16. Gartner, https://www.gartner.com/en/documents/3947474.

[42] Hype Cycle for Emerging Technologies ［EB/OL］. 2019-08-06. Gartner, https://www.gartner.com/en/documents/3956015.

[43] Internet of Things Readiness of Manufacturing in Asia/Pacific (Excluding Japan) 2018 ［EB/OL］. 2019-08. IDC, https:// www.idc.com/ getdoc.jsp?containerId=AP44720119.

[44] Industrial IoT Software Platforms in China, Q4 2019 ［EB/OL］. 2019-11-25. The Forrester Wave, https://www.forrester.com/ report/The+ Forrester+ Wave+Industrial+IoT+Software+Platforms+ In+China+Q4+2019/-/E-RES146895.